Moritz Hoernes

Urgeschichte der Menschheit

Verlag
der
Wissenschaften

Moritz Hoernes

Urgeschichte der Menschheit

ISBN/EAN: 9783957001122

Auflage: 1

Erscheinungsjahr: 2014

Erscheinungsort: Norderstedt, Deutschland

Hergestellt in Europa, USA, Kanada, Australien, Japan
Verlag der Wissenschaften in Hansebooks GmbH, Norderstedt

Cover: Foto ©Melling liudmila / pixelio.de

Sammlung Göschen

Urgeschichte der Menschheit

Von

Dr. Moritz Hoernes
o. ö. Professor an der Universität Wien

Mit 85 Abbildungen

Vierte, völlig neubearbeitete Auflage

Berlin und Leipzig
G. J. Göschen'sche Verlagshandlung G. m. b. H
1912

Druck der Spamerschen Buchdruckerei in Leipzig.

Inhalt.

Literatur.

Andree, R., Die Metalle bei den Naturvölkern. Leipzig 1884.

Archiv für Anthropologie. Braunschweig, seit 1866.

Beltz, R., Die vorgeschichtl. Altertümer des Großherzogtums Mecklenburg-Schwerin. 2 Bde. Schwerin 1910.

Bulliot, J. G., Les fouilles du Mont Beuvray. 2 Bde. Autun 1899.

Cartailhac, E., und **H. Breuil,** La caverne d'Altamira, Monaco 1906.

Chantre, E., Recherches anthropologiques dans le Caucase. 4 Bde. Paris-Lyon 1885—1887.

Déchelette, J., Manuel d'Archéologie préhistorique, celtique et gallo-romaine. Paris. Bd. I 1908. Bd. II 1910 (noch unvollendet).

Fimmen, D. Zeit und Dauer der kretisch-mykenischen Kultur. Bonn 1909.

Forrer, R., Urgeschichte des Europäers. Stuttgart 1908.

Furtwängler, A., Die Ausgrabungen in Olympia. Berlin. Bd. IV.

Groß, V., La Tène, un oppidum Helvète. Paris 1886.

Hampel, J., Altertümer der Bronzezeit in Ungarn. 3 Bde. Budapest 1887 bis 1896.

Heierli, J., Urgeschichte der Schweiz. Zürich 1901.

Hoernes, M., Urgeschichte der bildenden Kunst in Europa. Wien 1898.

— Der diluviale Mensch in Europa. Braunschweig 1903.

— Die Hallstattperiode. Archiv f. Anthr. 1905.

Literatur.

Hoernes, M., Natur und Urgeschichte des Menschen. 2 Bde. Wien 1909.
— Kultur der Urzeit. 3 Bdchen. (Sammlung Göschen.) Leipzig 1912.
(Lindenschmit, L.,) Die Altertümer unserer heidnischen Vorzeit. Mainz, seit 1858.
Madsen, A. P., S. Müller u. A., Affaldsdynger fra Stenalderen. Kopenhagen 1900.
Mannus, Zeitschrift für Vorgeschichte. Würzburg, seit 1909.
Martin, F. R., L'âge du bronze au Musée de Minnoussinsk. Stockholm 1893.
Meyer, E., Geschichte des Altertums. 2. Aufl. Berlin. Bd. I. Abt. 2.
Montelius, O., Les temps préhistoriques en Suède. Paris 1895.
— La civilisation primitive en Italie. Stockholm. I 1895. II 1905.
— Der Orient u. Europa. I. Stockholm. 1899.
— Die Chronologie der ältesten Bronzezeit in Norddeutschland u. Skandinavien. Braunschweig 1900.
— Die älteren Kulturperioden im Orient u. in Europa. I. Die Methode. Berlin 1903.
— Kulturgeschichte Schwedens. Leipzig 1906.
Morel, La Champagne souterraine. Châlons s. M. 1878 ff.
Morgan, J. de, Recherches sur les origines de l'Égypte. 2 Bde. Paris 1896 bis 1897.
Mortillet, G. u. A. de, Musée préhistorique. Paris 1881.
— — Le Préhistorique. Antiquité de l'homme. 3. Aufl. Paris 1900.
Much, M., Die Kupferzeit in Europa. 2. Aufl. Jena 1903.
Müller, S., Ordning af Danmarks Oldsager. Kopenhagen. I 1888. II 1893 bis 1895.
— Nordische Altertumskunde. 2 Bde. Straßburg 1898.
— Urgeschichte Europas. Straßburg 1905.
Munro, R., The Lake-Dwellings of Europe. London 1890.
Obermaier, H., Der Mensch der Vorzeit (in „Der Mensch aller Zeiten", Bd. I). Berlin 1911.
Penck, A., u. E. Brückner, Die Alpen im Eiszeitalter. 3 Bde., Leipzig 1901 bis 1909.
Perrot, G., u. Chipiez, Histoire de l'art dans l'Antiquité. Paris. Bd. I—VII.
Pič, J. L., Die Urnengräber Böhmens. Leipzig 1908.
— Le Hradischt de Stradonitz. Leipzig 1906.
Piette, E., L'art à l'époque du renne. Paris 1909.
Prähistorische Zeitschrift. Berlin, seit 1909.
Radimsky, W., F. Fiala u. M. Hoernes, Die neolithische Station von Butmir bei Sarajewo. 2 Bde. Wien 1895, 1898.
Reinecke, P., Zur Kenntnis der La-Tène-Denkmäler. Festschr. Mus. Mainz 1902.
Rutot, A., Le Préhistorique dans l'Europe centrale. Namur 1904.
— Mise au point, pour 1911, du mémoire: Le Préhistorique etc. Malines 1911.
Rygh, S., Antiquités Norvégiennes. Christiania 1885.
Sacken, E. v., Das Grabfeld von Hallstatt in Oberösterreich. Wien 1868.
Schliz, A., Das steinzeitliche Dorf Großgartach. Stuttgart 1901.
Schrader, O., Reallexikon der indogermanischen Altertumskunde. Straßburg 1901.
— Sprachvergleichung u. Urgeschichte. 3. Aufl. Jena 1909.
Siret, H. u. L., Les premiers âges du métal dans le Sud-Est de l'Espagne. Brüssel 1887.
Undset, J., Das erste Auftreten des Eisens in Nordeuropa. Hamburg 1882.
Vouga, E., Les Helvètes à La Tène. Neuchâtel 1885.
Zeitschrift für Ethnologie. Berlin, seit 1869.
Zentralblatt für Anthropologie. Braunschweig, seit 1896.

I. Einleitung und älteste Zeiten.

1. Begriff der Urgeschichte des Menschen.

Die Urgeschichte der Menschheit umfaßt die älteren und
ältesten Abschnitte der Entwicklung unseres Geschlechtes und
seiner Kultur. Es sind dies vorzugsweise jene Zeiten, über
die wir, aus inneren und äußeren Gründen, keine sicheren
geschriebenen Überlieferungen besitzen. Solche Zeiten liegen
unserer Gegenwart chronologisch teils ferner, teils näher, da
die gesamte Menschheit keineswegs als geschlossene Masse
ihre Kulturbahn durchmessen hat. Sie zerfällt vielmehr
in zahlreiche Gruppen, bei denen in sehr verschiedenen Zeiten
höchst altertümliche oder urgeschichtliche Zustände herrschten.
Solche Zustände waren anfangs natürlich allgemein, später
beschränkten sie sich mehr und mehr auf einzelne Glieder der
Menschheit, und heute kostet es schon große Mühe, sie mehr
oder minder rein in entlegenen Erdräumen aufzufinden.
Aber sie fehlen doch auch im heutigen Leben der Menschheit
noch nicht ganz, und ihre unmittelbare Anschauung ist von
hohem Wert für die Entschleierung der Urzeit; denn sie ge=
währen eine treffliche Ergänzung der trümmerhaften Über=
lieferung aus alten Kulturperioden.

Auch die noch lebenden Naturvölker, die Primitiven der Gegen=
wart, lassen sich auf eine Reihe von Stufen verteilen, ähnlich denen,
über welche die höheren Kulturvölker, namentlich die der weißen
und der gelben Rasse, einst hinweggeschritten sind. Doch soll da=
mit nicht gesagt sein, daß sich vollkommen gleiche Zustände ehe=
mals bei den Vorfahren der historischen Kulturträger gefunden
haben müssen. Ferner darf man sehr bezweifeln, daß es den

Naturvölkern der Gegenwart in der Zukunft beschieden sein wird, sich zu Kulturvölkern ähnlich denen, von welchen die Geschichte bisher berichtet, zu entwickeln. Es ist möglich, daß sie ursprünglich die gleichen Anlagen und Aussichten dazu besessen haben, wie die letzteren, obwohl auch das bestritten worden ist. Allein sicherlich sind sie infolge ungünstiger äußerer Verhältnisse — Weltlage, Klima, Bodenbeschaffenheit, Bedrängnis durch stärkere Völker — einem frühen Stillstand und Rückgang verfallen, der sie im Wettbewerb der Völker gleichsam außer Kampf setzte. Viele solche Glieder der Menschheit sind bereits abgestorben, andre zu baldigem Erlöschen unrettbar verurteilt.

Nicht zur Urgeschichte der Menschheit gehört die Vorgeschichte unseres Geschlechtes auf tierischen oder halbtierischen Stufen, die zur Menschwerdung hingeführt haben. Diesen Weg suchen die Anatomie, die Physiologie und die Entwicklungsgeschichte teils mit sicheren Beweismitteln, teils mit begründeten Vermutungen aufzuhellen und darzustellen, wobei sie mehr oder minder weit in die Zeiten vor dem ersten sicheren Auftreten des Menschen zurückgreifen. Die Urgeschichte unseres Geschlechtes beginnt mit den ältesten Leibesresten und Kulturdenkmälern, welche einwandfrei dem Menschen zugeschrieben werden dürfen, und reicht bis zum Eintreten der einzelnen Menschheitsgruppen in höhere geschichtliche Bahnen, die im allgemeinen durch den Besitz und die umfangreichere Anwendung der Schrift gekennzeichnet sind.

Aus dieser Begriffsbestimmung ergibt sich auch das Nötigste über die Quellen der Urgeschichte. Es sind keine geschriebenen Zeugnisse, sondern unmittelbare Beobachtungen an Kulturresten der Vergangenheit (Bodenfunde u. dgl.) und an Kulturzuständen bei sehr niedrig stehenden Völkern der Gegenwart. Die ersteren werden von der prähistorischen Archäologie, die letzteren von der Ethnographie der Naturvölker aufgesucht und dargestellt. Die Urgeschichtsforschung hat die aus beiderlei Quellen strömenden Erkenntnisse miteinander in fruchtbare Verbindung zu setzen.

2. Das Alter der Menschheit.

Das Alter der Menschheit läßt sich auch aus den jeweils vorliegenden ältesten Funden, die einwandfrei vom Menschen herrühren, nicht mit Sicherheit bestimmen, da sich immer noch ältere Zeugnisse finden können, die uns nötigen, weiter in die Vorzeit zurückzugehen, um auch dort nur auf einen Ausgangspunkt von gleicher Ungewißheit zu stoßen. Immerhin muß man sich mit einem sehr fernliegenden Ursprung der Menschheit und ihrer Kulturanfänge vertraut machen, wenngleich diese wie jene nicht so unermeßlich weit zurückzureichen scheinen, als man in den letzten Jahren vielfach angenommen hat.

Der älteste menschliche Fossilrest, der Unterkiefer von Mauer bei Heidelberg, entdeckt 1907, beschrieben 1908 von O. Schötensack, (vgl. unten Fig. 20) gehört nach erdgeschichtlicher Zeitrechnung wahrscheinlich dem unteren Quartär oder Diluvium, einer Zeit vor ungefähr einer halben bis einer ganzen Million Jahren an. Die ältesten Steinwerkzeuge des Menschen, denen eine künstliche Entstehung mit Sicherheit zuerkannt werden darf, stammen höchstens aus der Mitte des Quartärs vor etwa einer viertel bis einer halben Million Jahre. Die ältesten sogenannten „Eolithen", d. h. vermeintlich vom Menschen benutzte oder auch schon teilweise behauene Steine, reichen dagegen noch ungefähr zehnmal weiter zurück als der Anfang des Quartärs oder Diluviums, nämlich in das Oligozän, eine Zeit vor fünf bis zehn Millionen Jahren. Diese Altersschätzungen der geologischen Zeiträume können ihrer Natur nach nur annähernd richtig sein und dienen hauptsächlich zum Ausdruck des gegenseitigen Längenverhältnisses zwischen den einzelnen Perioden. Das Oligozän ist ein früherer Abschnitt des Tertiärs, und es hat wenig Wahrscheinlichkeit, daß der Mensch schon in Gesellschaft der älteren und der mittleren Tertiärfauna gelebt habe. Tertiäre menschliche Knochenreste, die man früher zu kennen glaubte, sind in Wirklichkeit nicht vorhanden. Die Eolithen aber, welche vom unteren Tertiär bis zum mittleren Quartär ihre rohe und zweifelhafte Gestalt nicht verändern, erwecken schon durch die Art ihres Vorkommens Bedenken gegen die Annahme künstlichen Ursprungs. Man trifft sie nämlich nicht in „Stationen", d. h. Lagerplätzen von geringem Umfang, sondern in „Terrains", d. h. auf ausgedehnten

Bodenflächen, wo Feuersteinknollen durch Rutschung, Druck oder Bewegung im Wasser in ihrer Lagerung gestört wurden und sich gegenseitig Verletzungen zugefügt haben, die nun für Arbeitsspuren gehalten werden. Solche Feuersteine kennt man zumeist aus Frankreich, Belgien und Südengland, aus dem mittleren Oligozän, dem obern Miozän, dem mittleren und dem oberen Pliozän der Tertiärzeit und aus drei Stufen des älteren Quartärs. Die Werkzeugnatur der Eolithen wird besonders von A. Rutot in Brüssel und M. Verworn in Göttingen (von diesem jedoch mit Ausschluß der oligozänen Funde) verteidigt, von M. Boule in Paris u. a. ebenso lebhaft bestritten. Sichere Zeugnisse der Anwesenheit der Menschen sind sie keinesfalls, und so kann man die Urgeschichte des letzteren nicht vor dem Anfang des Quartärs beginnen lassen.

Gleiche Ungewißheit wie über das Alter der Menschheit herrscht über deren Urheimat. Wir wissen nicht einmal, ob wir sie uns an einem oder an mehreren Orten, im letzteren Falle gleichzeitig oder ungleichzeitig, entstanden denken sollen. Hätte der Vorgang der Menschwerdung beobachtet werden können, so wären vielleicht verschiedene kürzere und längere, erfolglose und erfolgreiche Anläufe, jähe Rückfälle und langsame Rückbildungen zu verzeichnen gewesen. Bald da, bald dort kann ein siegreicher Durchbruch stattgefunden haben, und vielleicht sind schon damals die Vorläufer der verschiedenen stammfesten Menschenrassen, die wir noch heute lebend antreffen, an verschiedenen Stellen der Erde entstanden. Aber sicher ist das keineswegs. Der ganze Hergang war vermutlich ein recht verwickelter, so daß man auch bei genauer Kenntnis desselben, von der wir himmelweit entfernt sind, bündige Fragen keineswegs bündig beantworten könnte.

Es ist vielleicht reiner Zufall, daß sich die meisten Belegstücke für das hohe Alter und die früheste Ausbreitung der Menschheit in Europa gefunden haben, und man darf dadurch nicht, wie mehrfach geschehen ist, für bewiesen ansehen, daß Europa die Wiege der Menschheit gewesen sei. Die Paläontologie belehrt uns, wie sehr man der Beweglichkeit und den Wanderungen, die in der Geschichte und der Entwicklung aller Gruppen fossiler Lebe wesen eine wichtige Rolle gespielt haben, Rechnung tragen müsse. Es ist ganz wohl möglich, daß der Mensch am Beginn des Quartärs plötzlich in Europa erschien, inmitten einer gleichzeitig einwandernden Säugetierfauna, die von der spätpliozänen sehr verschieden ist. Nordafrika oder das südliche Asien können daher mit gleichem Rechte hypothetisch für die Wiege der Menschheit erklärt werden, wie Europa. Auch für Australien, Südamerika und andre Gebiete hat man Gründe geltend gemacht, die jedoch nicht stark genug sind, unseren Blick nach diesen Richtungen abzulenken, namentlich nicht, wenn es sich um die Urheimat der ganzen Menschheit, nicht nur eines Teiles derselben, handeln soll.

3. Der Mensch im Eiszeitalter.

Wenn der Mensch, wie wir sahen, mit sicheren Spuren zuerst im Quartär Europas angetroffen wird, so durchlebte er, ganz oder zum Teile, die wechselvollen Abschnitte des sogenanntes Eiszeitalters, die von mehreren Kälteperioden und dazwischen fallenden wärmeren Stufen, sogenannten Zwischeneiszeiten, gebildet werden. In dem für solche Untersuchungen sehr geeigneten Gebiet der Alpen und ihres nördlichen Vorlandes unterscheidet man, hauptsächlich nach den Forschungen A. Pencks und E. Brückners, vier Eiszeiten und drei Zwischeneiszeiten, sowie eine zur geologischen Gegenwart hinüberführende lange Nacheiszeit mit mehreren kleineren Kälterückfällen. Die Länge dieser Abschnitte ist in der folgenden Aufzählung bestimmter ausgedrückt, als sich streng genommen rechtfertigen läßt, entspricht aber den Auffassungen der genannten Forscher, von denen auch die Namen der Abschnitte (nach einzelnen Flußläufen, in denen die betreffenden Erscheinungen besonders gut ausgeprägt sind) herrühren.

Folge der Eiszeiten im Quartär.

Ungefähre Dauer in Jahrtausenden

Erste Eiszeit („Günz-Eiszeit")	20
Erste Zwischeneiszeit („Günz-Mindel-Zwischeneiszeit") .	80
Zweite Eiszeit („Mindel-Eiszeit")	30
	130

Ungefähre Dauer in Jahrtausenden
Übertragen 130

Zweite Zwischeneiszeit („Mindel-Riß-Zwischeneiszeit")	240
Dritte Eiszeit („Riß-Eiszeit")	30
Dritte Zwischeneiszeit („Riß-Würm-Zwischeneiszeit")	60
Vierte Eiszeit („Würm-Eiszeit"). . . .	20
Quartäre Nacheiszeit („Post-Würmzeit")	20
	500

Nach diesen Abschätzungen, die sich auf Vergleichung und Berechnung der in den einzelnen Abschnitten eingetretenen Veränderungen des Beobachtungsterrains gründen, hätte das gesamte quartäre Eiszeitalter ungefähr eine halbe Million Jahre gedauert. Es kann aber auch länger gewährt haben. Die eigentlichen Kälteperioden (Eiszeiten) erscheinen von ungleicher Dauer — die erste und vierte kürzer als die zweite und die dritte — und jede von ihnen kürzer als die wärmeren Zwischeneiszeiten. Die Dauer dieser letzteren erscheint noch ungleicher als die der Kälteperioden und am auffallendsten die Länge der vorletzten (oder zweiten) Zwischeneiszeit, welche fast die Hälfte des gesamten Eiszeitalters beträgt und eine scharfe Trennung desselben in eine ältere und eine jüngere Folge von Eiszeiten bewirkt. Manche Forscher verlegen daher die beiden älteren Eiszeiten noch ins Tertiär. Die durch Verwitterung geleisteten Arbeiten der quartären Nacheiszeit, der letzten und der vorletzten Zwischeneiszeit verhalten sich zueinander wie 1 : 3 : 12; die Dauer der vorletzten Zwischeneiszeit muß daher zwölfmal, die der letzten Zwischeneiszeit dreimal so lange angenommen werden als die der quartären Nacheiszeit, zu deren Schätzung bestimmte gute Anhaltspunkte vorliegen. Vom Maximum der letzten Eiszeit bis an das Ende der nacheiszeitlichen Klimaschwankungen, d. i. bis an den Beginn der geologischen Gegenwart, sind ungefähr 30 000 Jahre verlaufen, weitere 10 000 Jahre von jenem Abschnitt bis auf die historische Gegenwart. Alle solchen Berechnungen sind nur provisorisch und von annähernder Richtigkeit. Aber zweifellos war das Eiszeitalter, ja sogar jeder einzelne Abschnitt desselben von bedeutend längerer Dauer als alle späteren vorgeschichtlichen und geschichtlichen Zeiten zusammengenommen. Sowohl die Kulturstufen der Menschheit als die erdgeschichtlichen Zeiträume sind keine chronologischen Einheiten von annähernd gleichem Werte, sondern nach Maßgabe ihres höheren Alters von wachsendem zeitlichen (und räumlichen) Umfang. Nur der sachliche Inhalt der Kulturperioden erscheint im Gegensatz hierzu gesteigert nach Maßgabe des geringeren Alters und des geringeren zeitlichen und räumlichen Umfanges der Abschnitte.

Für die älteren Abschnitte des Eiszeitalters ist die Anwesenheit des Menschen teils gar nicht, teils nur durch dürftige oder unsichere Spuren bezeugt. Die zusammenhängende, lückenlose Überlieferung größerer Fundmassen beginnt erst mit einer Zwischeneiszeit, als welche von Penck und Brückner die vorletzte, jener langdauernde Zeitraum um die Mitte des ganzen Eiszeitalters (von anderen dagegen die viel kürzere letzte Zwischeneiszeit) betrachtet wird. Setzt man den Beginn jener Überlieferung hypothetisch an den Anfang der betreffenden Zwischeneiszeit, so hätte er nach den erstgenannten Autoren ein Alter von 380 (nach anderen ein solches von 110) Jahrtausenden. Rückt man eben diesen Beginn in die Mitte der betreffenden Zwischeneiszeit, so liegt er nach der ersteren Annahme vor 260, nach der zweiten vor nur 80 Jahrtausenden, was einen gewaltigen Unterschied ausmacht. In keinem Falle ist damit das wirkliche Alter der Menschheit gemeint.

4. Die Kulturstufen der älteren Steinzeit.

Unter der „älteren Steinzeit" versteht man eine Reihe von Kulturstufen der diluvialen Menschheit, die von der vorletzten (oder letzten) Zwischeneiszeit bis an das Ende des Eiszeitalters reichen. Diese Stufen sind namentlich in den letztverflossenen Jahrzehnten, zuerst in Westeuropa, dann auch in Mitteleuropa, mit stetig ansteigendem Eifer und Erfolg untersucht worden und liefern das Bild einer großartigen Entwicklung, die sich zwar in technischer und wirtschaftlicher Beziehung innerhalb gewisser enger Grenzen hält, sonst aber einen mächtigen Aufschwung des menschlichen Geistes bezeugt. Von ganz niedren, noch fast halbtierischen Zuständen führt sie auf eine Kulturhöhe, die nur durch die Einführung neuer Wirtschaftszweige, Arbeitsstoffe und Arbeitsweisen überboten werden konnte. Den gleichen gewaltigen Fortschritt zeigt die Untersuchung und Vergleichung der leiblichen Überreste des Menschen aus den früheren und den späteren Stufen der älteren Steinzeit (oder paläolithischen Periode). An deren Ende erscheint die Menschheit, wie wir sie heute noch in Gestalt vieler begabter Naturvölker auf der Erde antreffen, körperlich und geistig fertig, und es bedurfte nur neuer Anstöße, um sie zu weiteren und höheren Kulturleistungen anzuspornen.

Die Kulturstufen der älteren Steinzeit sind nach französischen Fundorten benannt, und es hätte keinen Sinn, diese fast allgemein angenommenen Namen durch andere ersetzen oder auch nur ihre Form verändern zu wollen. Sie verteilen sich auf zwei Gruppen, die ältere und die jüngere paläolithische Zeit, und zerfallen selbst wieder in je zwei oder mehrere Unterstufen. Man unterscheidet also:

a) Altpaläolithische Stufen.

1. Chelléen (nach Funden in einer Kiesgrube beim Orte Chelles, Seine-et-Marne, Nordfrankreich).

2. Acheuléen (nach Funden in Sandgruben beim Orte Saint-Acheul, unweit Amiens, Somme, Nordfrankreich).

3. Moustérien (nach Höhlenfunden an dem Orte Le Moustier, Gemeinde Peyzac, Dordogne, Südfrankreich).

b) Jungpaläolithische Stufen.

1. Aurignacien (nach Höhlenfunden bei Aurignac, Haute-Garonne, Südfrankreich).

2. Solutréen (nach einem ausgedehnten Wohnplatz unter freiem Himmel bei Solutré, Saône-et-Loire, Ostfrankreich).

3. Magdalénien (nach Funden aus der Höhle La Madeleine bei Tursac, Dordogne, Südfrankreich).

Von den Leitformen und dem kulturgeschichtlichen Inhalt der paläolithischen Stufen wird in einem besonderen Abschnitt gesprochen werden.

Diese Stufen sind zugleich geologisch-paläontologische Abschnitte der jüngeren Hälfte des Eiszeitalters oder können auf solche Abschnitte verteilt werden, woraus dem einzelnen Kulturbild erst der entsprechende natürliche Hintergrund in Gestalt des waltenden Klimas und der gleichzeitig vorhandenen Tier- und Pflanzenwelt erwächst. In diesem Punkte herrscht noch nicht völlige Übereinstimmung unter den Ansichten der Eiszeitforscher. A. Penck hat folgende Gleichungen aufgestellt:

1. Chelléen (mit ausgesprochen wärmeliebender Tierwelt) = vorletzte Zwischeneiszeit.

2. Acheuléen (z. T. mit arktisch-alpinen Tierformen) = Ende der vorletzten Zwischeneiszeit und vorletzte Eiszeit.

3. Älteres Moustérien (mit kälteliebenden Tierformen) = Ende der vorletzten Eiszeit.

4. Jüngeres Moustérien (mit wärmeliebenden Formen) = letzte Zwischeneiszeit.

5. Solutréen = Anwachsen und Maximum der letzten Eiszeit.

6. Magdalénien (mit kälteliebenden Tierformen) = Bühlstadium der frühen Nacheiszeit.

Auf das Bühlstadium folgen noch zwei ähnliche, aber minder bedeutende Kälte-Rückfallsstufen der Nacheiszeit (das „Gschnitz-" und das „Daun-Stadium"), und erst nach dem letzteren, d. i. nach dem völligen Ablauf der nacheiszeitlichen Klimaschwankungen, beginnt die jüngere Steinzeit. Das Aurignacien, dessen Einordnung in die paläolithische Stufenfolge erst unlängst erfolgte, ist in dem vorstehenden geologisch-archäologischen System noch nicht berücksichtigt. A. Rutot verlegt das untere Aurignacien in die letzte Eiszeit, das mittlere und obere Aurignacien, dann das Solutréen und das Magdalénien in die Nacheiszeit.

Während die deutschen Eiszeitforscher, wie wir aus dem vorstehenden erkennen, einen wiederholten Wechsel zwischen wärmeliebenden und kälteliebenden Tierformen im Eiszeitalter annehmen, wollen andre, wie M. Boule, nach dem Erlöschen der spättertiären (pliozänen) Tierwelt nur mehr das einmalige Auftreten zuerst wärmeliebender, dann kälteliebender, quartärer Tierformen, zuletzt das der sogenannten Fauna der Renntierzeit, d. h. einer kalten und trockenen Steppenzeit, gelten lassen. Der genannte französische Paläontologe unternimmt daher folgende Gleichsetzungen:

1. Chelléen mit warmer Fauna
2. Acheuléen
3. Älteres Moustérien } mit Übergangsfauna } letzte Zwischeneiszeit.
4. Jüngeres Moustérien mit kalter Fauna = letzte Eiszeit.
5. Aurignacien
6. Solutréen } mit Steppenfauna = Nacheiszeit.
7. Magdalénien

Volle Übereinstimmung herrscht nur in der Gleichsetzung des letztgenannten wichtigen Abschnittes, der Blütezeit der paläolithischen Kultur, mit dem Bühlstadium der Nacheiszeit. Allein trotz jener Verschiedenheiten der Auffassung im einzelnen läßt sich zweierlei als gesichertes Ergebnis hinstellen: erstens, daß weder die ausgesprochen warmen Zwischeneiszeiten, noch die Maxima der Kälteperioden zu einem besonders hohen Aufschwung der Kultur geführt haben, sondern daß (zweitens) diese letztere ihr eigenes Leben führt, das eine besondere Bahn verfolgt. Das Klima, die Pflanzenwelt und die Tierwelt sind naturgemäß mächtige Triebfedern im Menschenleben, deren Bestand und Wechsel überall und zu allen Zeiten starken Einfluß auf die Kultur ausüben. In den älteren Zeiten ist dieser Einfluß noch weit mächtiger als in den jüngeren. Aber der Mensch verhält sich ihm gegenüber anders als die Tier- und Pflanzenwelt, und so sehen wir auch die paläolithische Kultur durch alle Veränderungen der äußeren Umgebung hindurch beharrlich aufwärts streben und sich zu immer höheren Stufen emporringen.

Diese große Entwickelung hat sich gewiß nicht ganz ausschließlich auf Europa beschränkt, sondern ist mehr oder minder ähnlich, wenigstens teilweise, auch in anderen Kontinenten (Nordafrika, Vorderasien usw.) vor sich gegangen. Doch ist sie in der erwähnten lückenlosen Ausdehnung bisher nur in Europa festgestellt worden und auch hier nur in jenen Gebieten, die von den großen eiszeitlichen Vergletscherungen frei geblieben sind, hauptsächlich im westlichen und im mittleren Teile unseres Kontinents: in Frankreich, Spanien, Südengland, Belgien, der Schweiz, Deutschland und Österreich. Im südlichen und im östlichen Europa sind einzelne der ge-

nannten Stufen bisher noch nicht nachgewiesen, woraus
keineswegs folgt, daß sie ganz gefehlt haben. Doch darf man
eine ausgedehntere Verbreitung von vornherein eher für die
altpaläolithischen, als für die jungpaläolithischen Formen an=
nehmen, und es erscheint vollkommen verständlich, daß wir
die ersteren, wie z. B. das Chelléen, in Ägypten, Syrien
usw. antreffen, während das Magdalénien schon in Italien
nicht mehr vorkommt. Das entspricht dem Wesen hochent=
wickelter Kulturstufen mit stark ausgeprägter Eigenart im
Gegensatz zu niedrigeren, die sich zu schrankenloser Ausdehnung
weit mehr eignen, als jene.

5. Leben und Jagdwild des diluvialen Menschen.

Der Mensch der älteren Steinzeit lebte ausschließlich vom
Einsammeln wildwachsender eßbarer Pflanzen und Früchte,
sowie hauptsächlich von der Jagd. Das ist zweifellos die
unterste wirtschaftliche Stufe, die der Nahrungsgewinnung
des Tieres noch am nächsten steht und in jüngeren Zeiten vom
Pflanzenbau und der Tierzucht mehr und mehr in den Hinter=
grund gedrängt wird. Aber auch jene bescheidne wirtschaftliche
Tätigkeit umfaßte mannigfaltige Unterstufen vom niedrigsten,
tierähnlichen Zustande bis zur ausgedehnten Praxis des
höheren Jäger= und Fischerlebens. Für den paläolithischen
Menschen lassen sich diese Unterstufen mehr oder weniger
greifbar nachweisen: greifbarer die höheren, minder greifbar
die niedrigeren.

Das Leben von Jagdwild, niederem Getier und wildwachsenden
Pflanzen, das einst die ganze Menschheit umfaßte, beschränkt sich
heute auf einige, nicht ganz wenige, aber kleine und allmählich
hinschwindende Stämme in entlegenen Wohngebieten der Erde.
Diese Stämme — Australier, verschiedene südostasiatische Halb=
insel= und Inselbewohner, mittelafrikanische Urwaldvölker, süd=
afrikanische Steppenbewohner, dann die Bevölkerung der pol=
nächsten bewohnten Teile Nord= und Südamerikas, sowie Grön=

lands — schätzen in der Regel die Fleischnahrung höher als die
Pflanzenkost, müssen aber in Zeiten der Not auch mit dieser, die
meist von den Frauen eingesammelt wird, vorlieb nehmen. Wegen
der Unstetheit des Wildes brauchen sie ausgedehnte Räume, Jagd-
gründe, auf denen sie ruhelos, wenn auch innerhalb gewisser
Grenzen, umherschweifen und höchstens im Winter zu einer Art
Seßhaftigkeit gelangen. Zur Bekämpfung des leicht eintretenden
Nahrungsmangels dient die Zerstreuung in kleine, gesondert
lebende Gruppen und die künstliche Beschränkung der Volkszahl
durch Kindertötung und andere Mittel. Größere politische Ver-
bände fehlen, oft sogar Häuptlinge der kleinen Horden und jede
ständische Gliederung. Arme und Reiche gibt es noch nicht; die
industrielle Tätigkeit und das Sondereigentum des Einzelnen sind
noch ganz unentwickelt. Die Arbeitsteilung erstreckt sich nur auf
die getrennten Aufgaben des Mannes und der Frau, die teils von
der Natur, teils von der Trägheit und dem Despotismus des Mannes
bestimmt werden. Nur Zauberpriester sind schon überall vorhanden.

So oder wenig besser lebten im allgemeinen auch die
Menschen der älteren Steinzeit: in kleinen Horden auf freien
Lagerplätzen, höchstens unter zeltartigen Schutzdächern, oder
unter überhängenden Felswänden und in Höhlen, ohne
Pflanzenbau und Tierzucht, natürlich ohne Kenntnis der
Metalle, aber auch ohne Töpferei und ohne jene geduldige
Beschäftigung mit bekannten Werkzeugstoffen, wie sie das
Schleifen und Bohren der Steine voraussetzt. Sie waren
zugleich flink und träge, äußerst scharfblickend und höchst un-
wissend, von größter Geschicklichkeit und unglaublicher Einfalt,
echte Kinder der Natur und der Wildnis, nicht ganz unähnlich
den reißenden und den sanfteren Tieren, in deren Mitte ihr
Dasein sich abspielte.

Mit dem Wechsel der klimatischen Verhältnisse in den einzelnen Abschnitten des Eiszeitalters veränderte sich auch die
Pflanzenbedeckung und die tierische Bevölkerung der menschlichen Wohnstätten; aber der Mensch blieb durch alle diese
Zeiten hindurch von den jeweils anwesenden Tierformen
gleichmäßig abhängig und stand zu ihnen immer in einem

und demselben Verhältnis. Er durchlebte warme Waldzeiten, die eigentlichen Zwischeneiszeiten, mit unbehaarten Elefanten, Nashörnern und Flußpferden, — kalte feuchte Perioden, die eigentlichen Eiszeiten, mit dichtbehaarten Elefanten (vgl. Fig. 1), Rhinozeronten, den Riesenhirschen und verschiedenen Höhlenraubtieren, — endlich kalte und trockene Steppenzeiten (Übergangszeiten?) mit dem Renntier, der Saïga-Antilope, dem Steinbock, der Gemse und dem Moschusochsen (vgl.

Fig. 1.
Mammut im Museum zu St. Petersburg.

Fig. 2), um nur einige der augenfälligsten Tiergestalten dieser Stufen zu nennen. Aber immer sind die großen Pflanzenfresser seine Nahrungstiere, die Fleischfresser seine Gegner, schon als Miträuber unter den ersteren. Von diesen kommen am meisten der behaarte Elefant (das Mammut, weniger das Nashorn), die Hirscharten (Renntier, Edelhirsch u. a.), die Wildpferde, Wildrinder (Bison und Urstier), Wildschweine und ziegenartige Tiere in Betracht. Das sind auch die Tiere, die am liebsten in Rundplastik, Zeichnung und Malerei dargestellt wurden. In den Höhlenwandbildern der jüngeren paläolithischen Stufen vom Aurignacien bis zum Magdalénien erscheinen zuerst nur das Nashorn, ziegenartige und katzenartige Tiere; dann spielen die Pferde, noch später die Hirscharten und zuletzt die Bisons die Hauptrolle. Das Mammut wird in Südfrankreich vorwiegend neben dem Wildpferd, aber auch noch später, neben dem Bison, dargestellt. In kleinen Darstellungen auf beweglichen Stücken, nicht aber in Grottenbildern, reicht auch das Wildpferd bis ans Ende des Magdaléniens. Die Vermutung, daß man das Wildpferd in dieser Zeit auch schon zu zähmen gewußt habe, stützt sich auf unrichtige Deutung gewisser Einzelheiten in der Zeichnung desselben. Auch kein anderes Tier war gezähmt, nicht einmal der Hund.

Fig. 2.
Ovibos moschatus, der Moschus= oder Schafochse. (Nach Original im K. K. naturhistorischen Hofmuseum zu Wien.) Ca. 1/30 n. Gr.

6. Die Leitformen der paläolithischen Stufen.

Die Leitformen der paläolithischen Kulturstufen, d. h. jene Formen, aus denen man die Zugehörigkeit einer Bodenschicht zu einem bestimmten Abschnitte der älteren Steinzeit am sichersten erkennt, sind Werkzeuge und Waffen, teils ganz einfache, in dem Zustande, wie sie vorliegen, benützte Gegenstände, wie die von Steinkernen (Fig. 3) herabgeschlagenen

Messer (Fig. 4), teils nur Klingen, zu denen man sich die Griffe, Schäfte u. dgl. hinzudenken muß, weil sie aus Holz bestanden und daher längst vergangen sind. Diese Leitformen bestehen für die altpaläolithischen Stufen ausschließlich aus Stein, für die jungpaläolithischen daneben in steigendem Umfang auch aus organischen Stoffen: Tierknochen, Mammut-Elfenbein, Renntiergeweih usw. (vgl. Fig. 5).

Man hat daher diese jüngeren Stufen auch als das Zeitalter der quartären Schnitzkunst („glyptische Periode") zusammengefaßt, zumal sich die Schnitzerei nicht auf die Herstellung von Waffen- und Werkzeugklingen beschränkte, sondern auch ornamentale und bildkünstlerische Arbeiten hervorbrachte, von denen noch eigens zu sprechen sein wird. Zu den Leitformen können diese letz-

Fig. 3.
Feuerstein Nucleus (Steinkern, von welchem Späne — Messer — herabgeschlagen wurden).
1/2 n. Gr.

Fig. 4.
Messer aus Feuerstein.
1/2 n. Gr.

Fig. 5. Paläolithische Kleinfunde von den problematischen Eolithen (links oben) bis zu den Formen des Magdalénien (rechts unten). Nach Originalen u. Abgüssen des K. K. naturhist. Hofmuseums zu Wien.

teren Erzeugnisse jedoch ebensowenig gerechnet werden als die zum Körperschmuck gefällig hergestellten Dinge, da sie nicht in der für Leitformen erforderlichen Weise in den betreffenden Schichten aller Fundorte und Fundgebiete vorkommen. Dieser Bedingung entsprechen aus einleuchtenden Gründen nur die zur materiellen Lebensführung notwendigen und daher überall vorhandenen Gegenstände, d. h. eben die Waffen und Werkzeuge.

Eine sichere Unterscheidung zwischen diesen beiden Klassen ist, zumal für die älteren Stufen, häufig nicht zu treffen, da dieselben einfachen Formen zu verschiedenen Zwecken dienen mußten: zur Jagd, zum Kampfe und zu dem, was wir häusliche Verrichtungen nennen würden. Es sind „undifferenzierte Keimformen", aus denen sich erst später, im Wege des industriellen Fortschrittes, zahlreiche neue Typen entwickelten, deren Bestimmung zu verschiedenartiger Anwendung schon in der Formgebung deutlicher betont ist.

Verschiedene Formen des Faustkeils aus den Chelléen und den Acheuléen. (Nach G. u A. Mortillet.)

1. Die Formen des Chelléen. Das Hauptwerkzeug dieser Stufe, nicht das einzige, wie man früher meinte, aber das wichtigste, ist ein steinerner Faustkeil, der von sehr verschiedener Gestalt sein kann (vgl. Fig. 6): mandelförmig, lanzettförmig, oval, dreieckig oder roh-blattförmig, meist mit dicker, zum Anfassen geeigneter Basis, scharfen Rändern und Spitze, in sehr wechselnder Größe aus einem Feuerstein- oder anderem harten Gesteinsknollen roh herausgehauen. Mit diesem Werkzeug konnte man stechen, bohren und wühlen, schneiden und schaben, bei umgekehrter Handhabung auch einen stumpfen Schlag führen, kurz man hatte an ihm wirklich eine Art von Universalinstrument für verschiedene einfache Arbeiten und für recht plumpe, starke Hände. Geschäftet war es wohl nie. Daneben benützte man auch schon kleinere Gesteinfragmente, die nicht aus dem Vollen eines Flintknollens herausgehauen, sondern seitlich von einem solchen herabgeschlagen waren und auch bei der Herstellung der Faustkeile als Abfälle entstehen mußten. Solche Späne und Splitter wurden aber auch schon vor der Zeit der ältesten Faustkeile hergestellt und als Werkzeuge benützt: nur zeigen sie noch keine konstanten, typischen Formen.

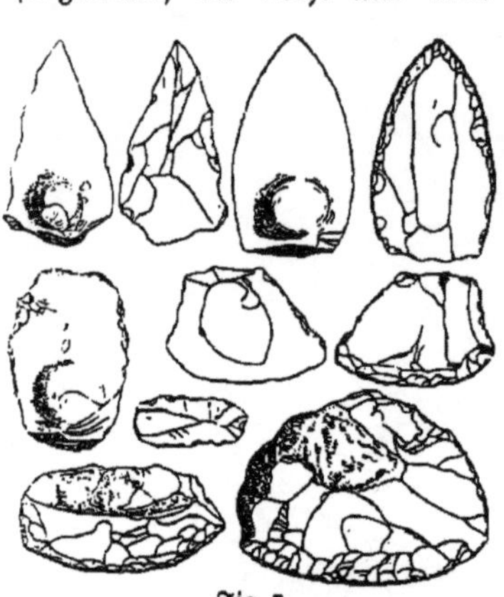

Fig. 7.
Handspitzen und breite Schaber aus dem Moustérien. (Nach G. u. A. de Mortillet.)

2. Die Formen der Acheuléen. Hier kommt der alte Faustkeil noch massenhaft vor; doch ist er jetzt leichter gehalten und sorgfältiger ausgeführt, meist auch kleiner und manchmal auch schon aus einem breiten Abschlagstück hergestellt, das dann auf der einen Seite die glatte Gesteinsbruchfläche zeigt. Die Ränder zeigen oft schon sehr feine, regelmäßige Bearbeitung durch die Absprengung kleiner Stückchen. Jetzt finden sich auch schon die ersten Spitzen und Schaber der Formengruppe von Le Moustier, dann scheibenförmige Werkzeuge u. a.

3. Die Formen des Moustérien (vgl. Fig. 7). Während der alte Faustkeil immer seltener und kleiner wird,

erscheinen nun aus derben Abschlagsstücken durch Randbear-
beitung hergestellte, blattförmige Spitzen und breite, annähernd halbkreisförmige oder halbovale Schaber, die eben-

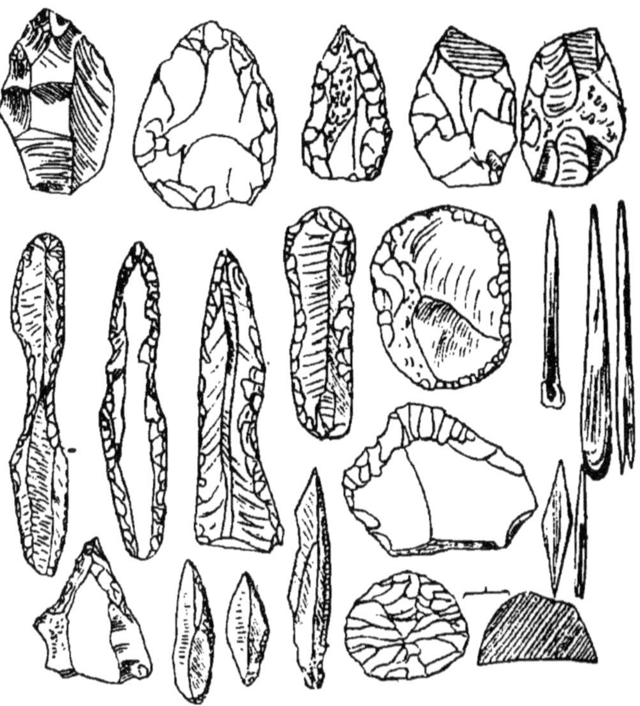

Fig. 8.
Typen des Aurignacien aus Frankreich. (Nach H. Breuil, Kongr. Monaco 1906.)

falls in der freien Hand geführt werden konnten und wohl
meist zu denselben Arbeiten dienten, die man früher mit dem
Faustkeil verrichtete. Die Form mancher Stücke schwankt
zwischen Spitze und Schaber. Vereinzelt finden sich Hohl-

schaber mit halbkreisförmigem Ausschnitt, gut geeignet zum Glätten stabförmiger Körper, Kratzer mit abgestumpften Enden und Lochbohrer mit scharfen Spitzen.

4. Die Formen des Aurignacien (vgl. Fig. 8). Die typischen Moustierspitzen und Moustierschaber sind noch zahlreich vorhanden, daneben andres kleines Steingerät, das sich später nur noch selten findet: dicke „kielförmige" Schaber, längliche, einfache und doppelte Hohlschaber, kleine Messerchen mit abgestumpftem Rücken, Bohrer mit feinen und Stichel mit groben Spitzen. Manches ˜ davon diente zur Bearbeitung organischer Substanzen, zur Herstellung knöcherner Wurfspeerspitzen, dicker Nadeln, Pfriemen, Glätt-

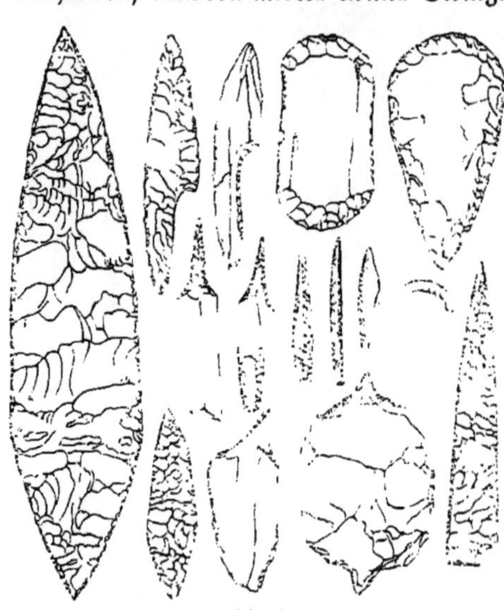

Fig. 9.
Lorbeerblattspitzen, Schaftzungenspitzen, Schaber und Bohrer des Solutréen. (Nach G. und A. de Mortillet.)

werkzeuge usw., die aus dieser Zeit zuerst in größerer Zahl vorliegen.

5. Die Formen des Solutréen. (vgl. Fig. 9). Diese Stufe ist die Blütezeit feiner und kunstvoller Steinbearbeitung durch das Absprengen kleiner Teilchen von den oft sehr dünnen und leichten Klingen. Es sind hauptsächlich zwei Formen zu

nennen: die lorbeerblattförmige (spitzovale, manchmal rauten-
förmige) Dolch- oder Lanzenspitze mit durchaus sorgfältig
überarbeiteten — „gemuschelten" — Breitseiten und die
. mehr den oberen Horizonten dieser Stufe angehörige Schaft-
zungenspitze, wahrscheinlich eine Wurfspeerspitze, aber ähnlich
einer Pfeilspitze mit einseitiger Schaftzunge. Diese kleinere
Spitze ist nur auf einer Breitseite
fein gemuschelt, auf der anderen hat
sie die natürlich glatte Bruchfläche des
Schlagstückes. Außerdem finden sich
schön gerundete, einfache und doppelte
Schabwerkzeuge und Bohrer, sowie
Stichel, Messer und anderes. (Der
Doppelschaber Fig. 10 stammt aus
St-Martin d'Excideuil, Dordogne,
Frankreich.)

6. Die Formen des Magda-
lénien (vgl. Fig. 11 und 12). Der
Höhepunkt der Feuersteinbearbeitung
ist überschritten. Die wichtigsten Cha-
rakterformen der Solutré-Stufe fehlen. Das Steingerät besteht zumeist
aus kleinen und flachen prismatischen
Klingen von länglicher Gestalt und verschiedener Bildung der Enden, manchmal auch mit Schaftansätzen (Zun-

Fig. 10.
Feuerstein-Doppelschaber
des Solutréen. 1/2 n. Gr.

gen, Dornen). Die Bestimmung und Benennung dieser
mannigfaltigen Formen ist nicht leicht. Klarer ist die Bedeutung
der nun mächtig überhandnehmenden Schnitzwerke aus organischen Stoffen, deren reichliche Verwendung das Zurücktreten der Arbeit in Feuerstein verständlich macht. In großer
Zahl finden sich flachkonische Wurfspeerspitzen und. einseitig
oder zweiseitig mit Zahnreihen versehene Harpunenspitzen aus

Renntiergeweih oder Knochen. Man erkennt auch Nachbildungen der hölzernen Wurfbretter oder Wurfstäbe, womit diese Waffen sicher und kraftvoll geschleudert wurden; ferner Nähnadeln mit Öhr, Stecknadeln mit Kopf, Pfriemen, Meißel, Spatel u. dgl. Der Zweck der sogenannten „Kommandostäbe"

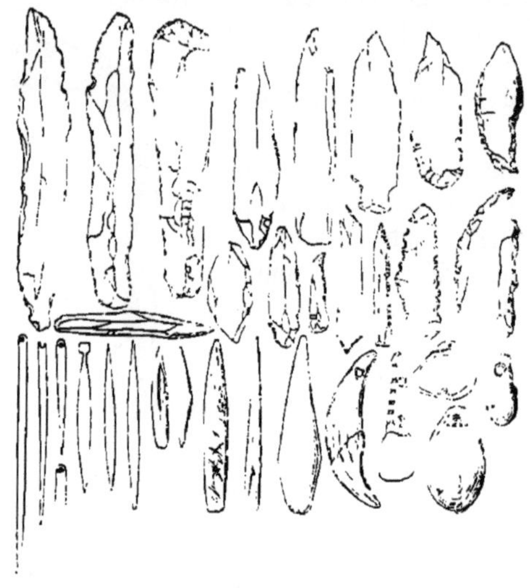

Fig. 11.
Formen des Magdalénien. (Nach G. und A. be Mortillet.)

aus durchbohrtem, oft mit Figuren verziertem Renntiergeweih ist unsicher; vielleicht waren es Zauberstäbe (vgl. Fig. 13).

Diese Leitformen haben nur für die ältere Steinzeit Europas oder für solche andre Gebiete, wo sie mit den sicheren Kennzeichen gleichen hohen Alters auftreten, führende Bedeutung. Steinwerkzeuge primitiven, paläolithischen Charakters, die auch für einen ähnlichen Kulturstand zeugen, wie er während des Eiszeitalters in Europa herrschte, sind oder waren noch bis vor kurzer Zeit bei niederen Jägerstämmen der Gegenwart zu finden: bei den Australiern und den erst kürzlich erloschenen Tasmaniern, bei den Busch-

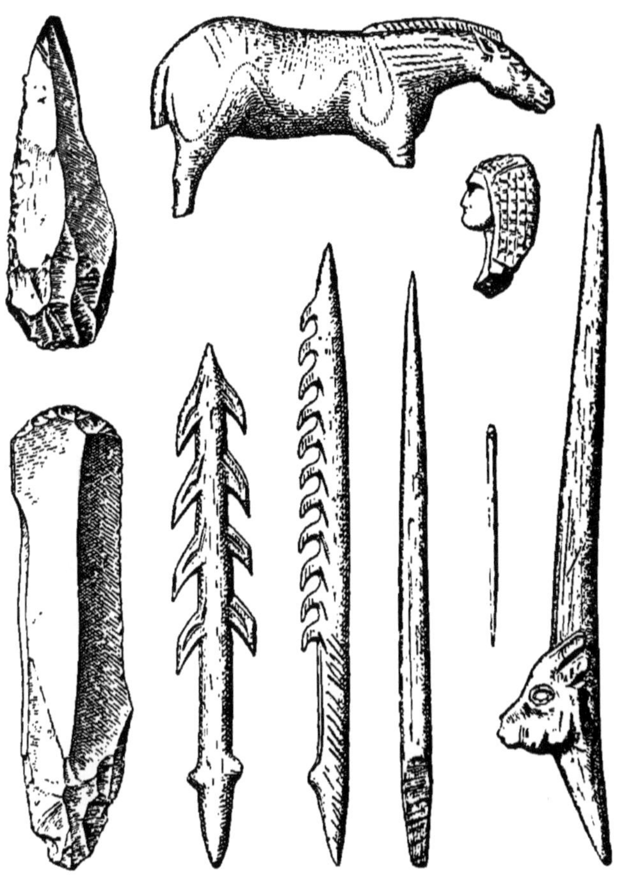

Fig. 12.
Formen des Magdalénien. (Nach U. de Mortillet.)

männern, den Feuerländern usw. Man mag sich bei diesen Völkern über die Art der Herstellung und Benützung mancher Waffen- und Werkzeugformen belehren lassen. Auch ihre Schmuck- sachen und Kunstwerke zeigen oft große Überein- stimmung mit denen der älteren Steinzeit Europas, wie denn überhaupt jene Völker höchst wertvolle Ergänzungen und Bestätigungen der auf archäolo- gischem Wege gewonnenen Einsichten darbieten. Aber nichts beweist, daß sie, die wir heute oder vor kurzem noch auf so niedriger Kulturstufe antreffen, den gleichen Kulturgang durchgemacht haben, wie die paläolithische Bevölkerung Europas, und daß die gleichen Formen bei ihnen kulturgeschichtlich dasselbe bedeuten wie bei der letzteren.

7. Schmuck und Kunst der älteren Steinzeit.

Körperschmuck erscheint vielen Gruppen primi- tiver Menschen noch heute als eine höhere Not- wendigkeit als selbst die bescheidenste Kleidung. Er dient ihnen als Reiz- und Schreckmittel, persönliche Auszeichnung der Reichen und Vor- nehmen oder als Stammeszeichen. Obwohl nun die Menschen des Eis- zeitalters wärmende Kleiderhüllen nicht entbehren konnten, trugen sie doch auch mannigfaltigen Leibes- schmuck, der uns namentlich aus den jüngeren Stufen der paläolithischen Periode ziemlich reichlich erhalten ist.

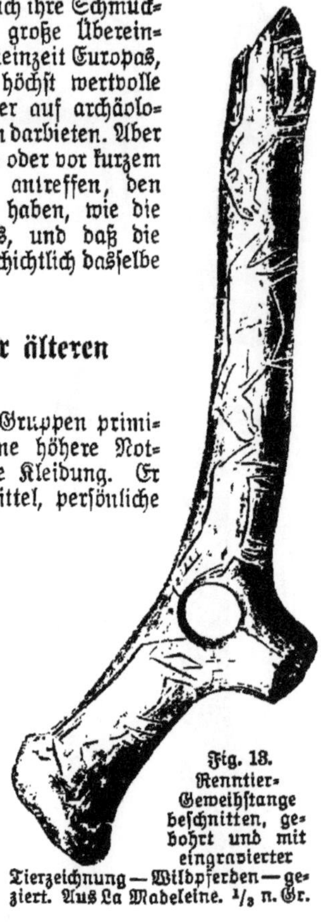

Von Tätowierung, Narben- zeichnung und Körperbemalung können wir da nur vermutungs- weise reden, mit größerer Sicher- heit von allerlei Schmuckanhäng- seln und Schmuckketten oder

Fig. 13.
Renntier-
Geweihstange
beschnitten, ge-
bohrt und mit
eingravierter
Tierzeichnung — Wildpferden — geziert. Aus La Madeleine. 1/3 n. Gr.

Schmuckbändern, die als Stirn-, Hals-, Hüften- und Glieder- schmuck getragen wurden. Von Mineralien benützte man

dazu Fluorin, dünnbrechenden Schiefer, Gagat=, Stalag=
miten u. a., von organischen Stoffen hauptsächlich Schnecken=
schalen, Muscheln und Tierzähne, mit Vorliebe Eckzähne vom
Bären, Löwen, Wolf und anderen Fleischfressern, aber auch
Zähne von Pferden, großen Rindern, Hirschen, Renntieren,
Steinböcken. All das wurde durchbohrt und einzeln oder in
Reihen an Schnüren umgehängt. An bestatteten Leichen aus
den jüngeren paläolithischen Stufen hat man Reste dieses
Putzes noch vielfach auf den betreffenden Körper=
teilen selbst bemerken können.

In diesen jüngeren Zeiten verzierte man auch das
Gerät, natürlich nicht das Stein=
gerät, sondern nur Werkzeuge und
Waffen aus organischen Stoffen und
auch diese nicht regelmäßig.

Man bediente sich dazu der Gravie=
rung und der Reliefbildnerei und sowohl
rein „geometrischer", d. h. bildloser, als
auch figuraler, bildlicher Formen. Die
Grenze zwischen diesen beiden Formen=
reihen ist nicht immer streng zu ziehen,
da manches scheinbar unbildliche Orna=
ment in den Augen seiner Verfertiger
Bildsinn hatte. Andererseits erkennt man
durch aufmerksame Beobachtung, wie aus
bildlichen Dingen, Tierköpfen und dgl.,

Fig. 14.
Ornamentale Elfenbein=
schnitzereien mit krumm=
linigen Mustern aus süd=
französischen Höhlen.
(Nach Ed. Piette.)

durch fortgesetzte Vereinfachung ornamentale Motive entstehen. An
manchen Arbeitsstätten verfügte man über einen sehr ausgedehnten
Vorrat an Ziermustern (vgl. Fig. 14), die natürlich auch außerhalb
des uns erhaltenen stofflichen Kreises Verwendung gefunden haben
müssen. Manche dieser Zeichen legen durch die Art ihrer Anwen=
dung auf erhaltenen Gegenständen den Gedanken an eine sinn=
bildliche Bedeutung und damit an das Vorhandensein einer ganz
rohen Bilderschrift nahe.

Weit merkwürdiger, wenn auch kaum minder rätselhaft
ist die in mehreren Fundgebieten der jüngeren paläolithischen

Stufen nachgewiesene, erstaunlich hohe Entwicklung der freien figürlichen Bildnerei. Sie umfaßt in runder Plastik, Flachrelief, Umrißzeichnung und Malerei einen begrenzten Kreis von Gegenständen, in welchem die großen Nahrungstiere des Menschen, sein beliebtestes Jagdwild, die Hauptrolle spielen, er selbst zwar auch vorkommt, aber verhältnismäßig doch zurücktritt. Die Rundplastik wurde in weichem Stein und organischen Stoffen, die Basreliefskulptur und die Umrißzeichnung auf diesen, auf losen Steinen und Grottenwänden, die Malerei nur an Grottenwänden ausgeübt. Pflanzen, Reptilien und Vögel sind selten dargestellt, etwas öfter Raubtiere, noch häufiger der Mensch, am häufigsten aber Renntiere (Fig. 15), Pferd (Fig. 16), Mammut (Fig. 17), Bison (Fig. 18), dann, wieder etwas seltener Hirsch, Steinbock, Saiga-Antilope, Nashorn und andere pflanzenfressende Säugetiere. Außer ganzen Tiergestalten, die in verschiedenen Stellungen — stehend, laufend, liegend, sich emporrichtend, meist in Seitenansicht — einzeln oder in Reihen und Gruppen erscheinen, finden sich Tierteile dargestellt, meist Köpfe, aber auch Beine. Scheinbare Gruppen entstanden oft unabsichtlich durch wiederholte Benützung derselben Bildfläche, wobei nicht selten ältere Figuren von darübergezeichneten teilweise verdeckt sind oder an ersten Entwürfen Korrekturen der Umrisse vorgenommen wurden. Das sind Zeugnisse eines regen urwüchsigen Kunstsinnes, einer lebhaften bildnerischen Arbeitsfreude, die sich mit einer ausgesprochenen Begabung für solche Arbeiten, mit künstlerischem Scharfblick für die Erscheinungen der umgebenden Natur und erstaunlicher Treffsicherheit der ausführenden Hand aufs glücklichste vereinigt hat. Natürlich gibt es unter den massenhaft erhaltenen Arbeiten auch geringere und minderwertige, und ebenso natürlich dürfen wir selbst diese nur in Gesellschaft der besseren und besten Darstellungen erwarten,

Fig. 15.

Renntiere. (Oben: Zwei weidende Renntiere, Felsenbild in der Höhle Font-
de-Gaume, teils gemalt, teils graviert. Mitte: Laufendes Renntier, Felsenbild aus der Höhle Combarelles. Unten: Renntierköpfe auf einem Knochen
aus der Höhle Mas d'Azil.)

nicht etwa in den älteren Stufen, in den Zeiten der kunstlos
plumpen Hände, die den Faustkeil von Chelles schwangen oder
sich mit den Steinwerkzeugen von Le Moustier abmühten.

Aber auch in den jüngeren Stufen, vom Aurignacien bis zum
Magdalénien, sind die Zeugnisse dieser merkwürdigen Kunstübung

nicht überall, wo die Leitformen der ersteren auftreten, vorhanden, und nicht überall, wo sie doch vorhanden sind, erscheinen sie in gleicher, eindringlicher Stärke. Indessen darf man vielleicht annehmen, daß die gleiche naturalistische Kunstbegabung, obwohl vielfach noch schlummernd, allen Stämmen jener Zeitalter innewohnte. Der Vorgang einzelner, das Beispiel vorhandener Werke besitzen große Macht zur Erweckung und Aufmunterung von Talen-

Fig. 16.
Wildpferde. (Oben: Felszeichnung in der Höhle von Combarelles;
unten: Plastischer Kopf aus der Höhle Mas d'Azil.)

ten, die unter dem Druck der dem Naturmenschen eigenen Trägheit sonst nicht zur Geltung kommen können. Eine Art Mittelpunkt des Verbreitungsgebietes spätpaläolithischer Bildkunst ist Südfrankreich mit dem Perigord und den benachbarten Pyrenäendepartements. Daran schließen sich Nordspanien, Südengland, Belgien, die Nordschweiz und, etwas entfernter im Osten, auch einige österreichische Fundorte. Zeichnungen und Malereien an Grottenwänden sind bisher nur in Südfrankreich und Nordspanien angetroffen worden.

In der Ausübung dieser Kunst zeigen die einzelnen jungpaläolithischen Stufen einige, nicht allzu auffallende, aber doch bemerkenswerte Verschiedenheiten. Die Rundplastik erscheint zuerst im untern Aurignacien, d. h. am Beginn der ganzen Stufenreihe, und setzt sich fort bis zur Mitte des Magdalénien. Am Anfange blühte die Darstellung der menschlichen

Fig. 17. Mammut-Zeichnung in der Höhle von Combarelles.

Gestalt, meist in der Ausführung nackter fettleibiger Frauenstatuetten aus Mammutelfenbein (vgl. Fig. 19) oder weichem Stein. Später sind in der Rundplastik Tierfiguren weitaus vorherrschend. Auch die bloße Umrißzeichnung findet sich, an Höhlenwänden und auf kleinem, beweglichem Material, schon am Anfange des ganzen „glyptischen Zeitalters", wird aber in steigendem Maße erst später geübt und erreicht ihre Blüte zeit im jüngeren Magdalénien, das der Rundplastik nicht mehr huldigt. Vier Stufen, die zum Teil in der Wahl der Gegenstände und der technischen Ausführung verschieden sind, glaubt man in den Höhlenwandbildern zu erkennen. Diese sind teils bloße Umrißzeichnungen in Gravierung oder in Gravierung

Fig. 18. Darstellungen des Bisons in Zeichnung auf Renngeweih und Stein (oben) und Wandmalerei (unten). Aus südfranzösischen Höhlen.

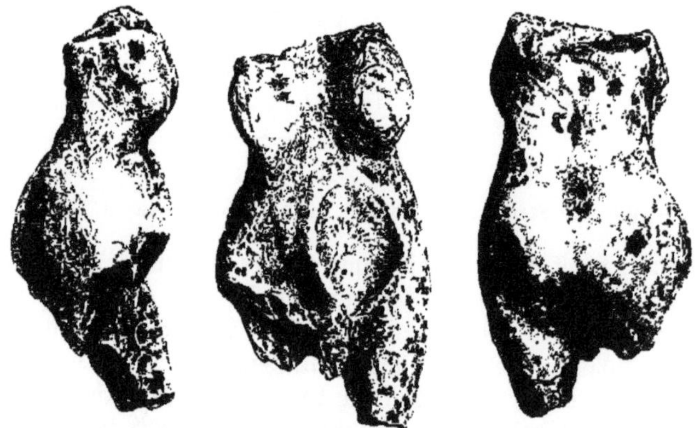

Fig. 19. Torso einer weiblichen Elfenbeinstatuette aus Brassempouy, Südfrankreich. (Nach Ed. Piette.) In 3 Ansichten, $\frac{1}{2}$ n. Gr.

und Farbe, teils ganz mit Farbe gefüllte silhouettenartige Figuren, die entweder einfärbig oder mehrfärbig ausgeführt sind. Sie liegen manchmal so tief in engen Höhlengängen, daß man sie bei natürlichem Lichte gar nicht mehr sieht: in Combarelles 120 m, in Niaux gar 800 m vom Höhleneingang entfernt. Dies und andere Umstände, namentlich die Vergleichung mit dem Tierdienst, den Tiertänzen und Tierbildern neuerer Jägervölker, ihrem Zauberwesen und ihren Vorstellungen von der Macht des Bildnisses überhaupt, führen darauf, in den paläolithischen Tierfiguren nicht bloße Äußerungen einer weltlichen Kunstfreude, sondern Mittel zur Ausübung magischer Wirkungen zu erkennen. Man glaubte wohl, durch den verborgenen Besitz dieser reichlichen Abbilder der zum Leben allerwichtigsten Mitgeschöpfe Macht über diese zu gewinnen, den Jagdertrag zu heben, die Vermehrung des Wildes zu steigern u. dgl. Auch die verschiedenen rätselhaften Zeichen, die auf und neben den Tierbildern vorkommen: Hände, Hütten, Wurfgeschosse und anderes, deuten auf diesen geheimen Nebensinn der künstlerischen Tätigkeit. Die Darstellungen der menschlichen Gestalt sind hier nie von gleicher Vorzüglichkeit, wie viele der Tierbilder, und machen meist den Eindruck roher Karikaturen und Zerrbilder. Sie verraten, daß den Zeichnern nur Tiergestalten geläufig waren, so daß auch die Menschenfiguren und Menschenköpfe an tierische erinnern, ohne daß man deshalb an die Darstellung von Menschen mit Tiermasken zum Beschleichen der Jagdtiere, an Tiertänzer u. dgl. zu denken braucht.

8. Leibesreste des diluvialen Menschen.

Die ältesten Skelettreste, die man vom Menschen besitzt, zeigen niedrigere Formen der Körperbildung, als sie sonst beim gegenwärtig lebenden oder beim fossilen Menschen angetroffen werden. Andere Reste, aus den jüngeren Stufen der paläolithischen Periode, stimmen mit den Formen der späteren und sogar noch der heutigen Bevölkerung Europas so weit überein, daß man auch für diesen Weltteil von einem Beharren alter, rassenhafter Elemente durch alle Zeiten hindurch sprechen kann, wie es für andere Kontinente auf Grund ähnlicher Übereinstimmungen angenommen worden ist. Der bisher bekannte älteste Fossilrest, der Unterkiefer von Mauer bei Heidelberg (vgl. Fig. 20), stammt aus einer Sandschicht mit altdiluvialen Säugetierknochen und vereinigt in einer noch an keinem anderen, ähnlichen Stück beobachteten Weise die Kennzeichen niedriger Formbildung. Die Mächtigkeit des Knochenbaues, die Form der Kinngegend und des auf-

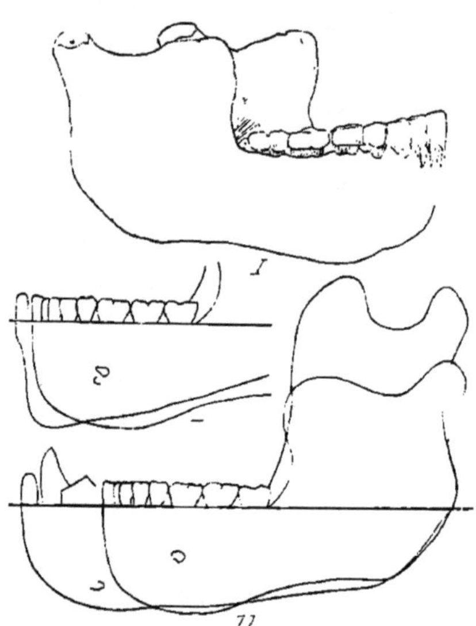

Fig. 20.   Der Unterkiefer von Mauer bei Heidelberg.   I Seitl. Ansicht.   II und III Profilkurven. (Die dünnere Linie in II Unterkiefer eines Australiers, in III eines weiblichen Gorilla.) Nach O. Schötensack. $^1/_3$ n. Gr.

steigenden Astes erinnern eher an einen großen menschenähnlichen Affen, und nur die Gestalt und Größe der Zähne lassen ihn mit Sicherheit als menschlichen Fossilrest erkennen. Artefakte sind mit ihm nicht gefunden worden.

Alle übrigen, vom diluvialen Menschen herrührenden

Skelettreste gehören der paläolithischen Periode, also dem
jüngeren Quartär an und zerfallen in zwei chronologisch ge=

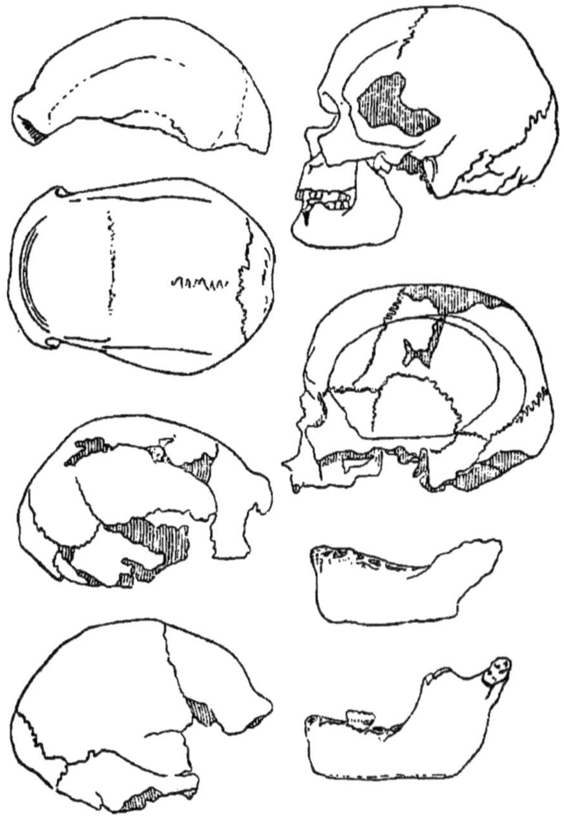

Fig. 21. Einige Schädelreste vom Menschen aus dem Diluvium.
Oben: Die Schädeldecke aus dem Neandertal in zwei Ansichten; dar=
unter: die beiden Schädel von Spy.　Oben: Schädel von Laugerie=basse und
La Chancelade; unten: Kinnladen von La Naulette und Malarnaud.

trennte Gruppen von entsprechender Formverschiedenheit: altpaläolithische mit niedrigeren und jungpaläolithische mit höheren Bildungsmerkmalen (vgl. Fig. 21). Die erstere zeigt in mancher Beziehung, namentlich in der Schädelbildung, eine Art Mittelstellung zwischen der heute lebenden Menschheit und den menschenähnlichen Affen. Man hat sie die Neandertal-Spy-Form oder Homo primigenius genannt. Eine kleine Anzahl vermittelnder Fundstücke trägt die Merkmale von Übergangsformen zu der zweiten Gruppe.

Die altpaläolithische Neandertal-Spy-Form der Menschheit besaß geringe Körperhöhe und wahrscheinlich noch nicht völlig aufrechte Leibeshaltung, aber sehr starke Knochen und Muskeln. Die Röhrenknochen sind kurz und plump, die des Oberschenkels und Vorderarmes auffallend stark gekrümmt. Der Hals war vermutlich kurz und von geringerer Beweglichkeit, als bei den späteren Menschenformen, der Schädel lang, aber nicht übermäßig schmal, dagegen äußerst niedrig mit sehr fliehender Stirne. Zwischen dieser und den großen, runden, weit voneinander abstehenden Augenhöhlen erhob sich ein mächtiger knöcherner Überaugenwulst. Die äußere Nase muß sehr breit gewesen sein, wie bei den heutigen Australiern. Die untere Gesichtsgegend war schnauzenförmig vorgewölbt, so daß die Nüstern mehr vorwärts als abwärts gerichtet waren, und endete in einem hochgradig fliehenden Kinn. Zähne, Kiefer und alle anderen Schädelknochen waren von besonderer Plumpheit und Massigkeit. Der Hohlraum des Hirnschädels steht an Ausdehnung (Kapazität) tief unter dem der heute lebenden niedren Rassen und etwa in der Mitte zwischen diesem und der (allerdings nur berechneten) Kapazität des Pithekanthropus von Trinil auf Java, bei dem die Bestimmung zwischen Mensch und Menschenaffe schwankt. Die wichtigsten fossilen Fundstücke, aus denen wir die Neandertal-Spy-Form kennen, sind die aus Felshöhlen stammenden

Skelettreste von Le Moustier (Fig. 22) und La Chapelle-aux-Saints (Fig. 23) in Frankreich, von Spy in Belgien, von Krapina in Kroatien, aus dem Neandertal im preußischen Rheinland und ein Schädel von Gibraltar in Spanien. Als Übergangsformen zur zweiten Gruppe hat man die Schädeldecke von Brüx in Böhmen, den Schädel von Galley Hill in England und ein Skelett aus Brünn in Mähren bezeichnet.

Die zweite oder jungpaläolithische Gruppe ist nicht so einheitlicher Natur, wie die erste, und vor allem nicht so altertümlich. Die Unterschiede in der Kapazität und

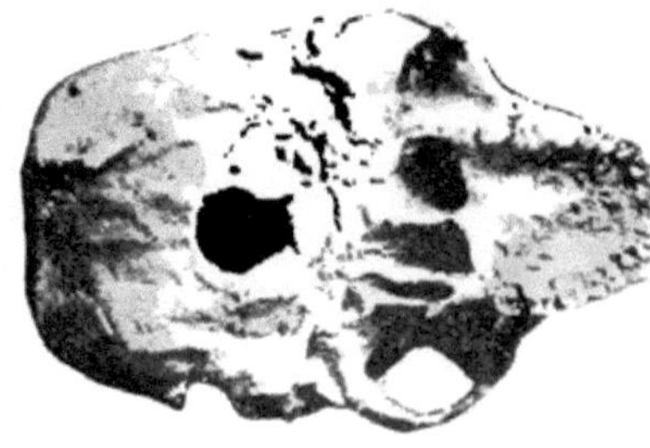

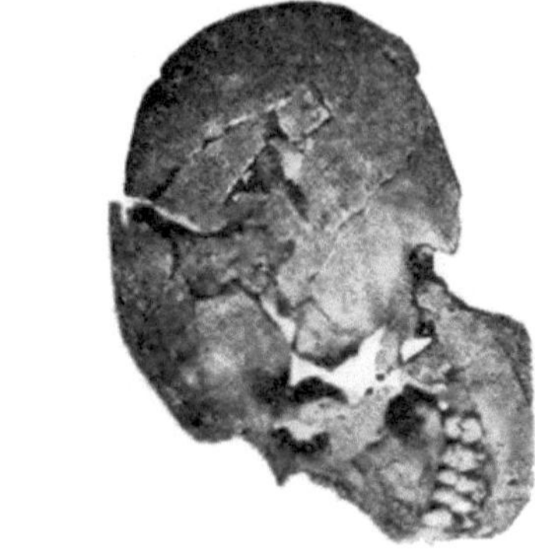

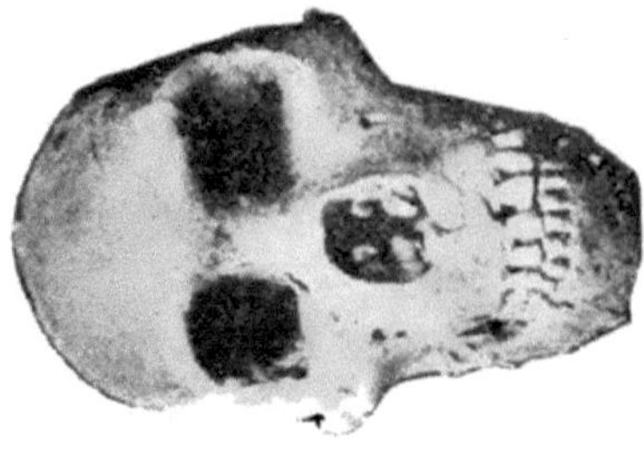

Fig. 22. Schädel eines jungen Mannes der Neandertalrasse aus Le Moustier, Frankreich. In 3 Ansichten. (Nach O. Hauser.)

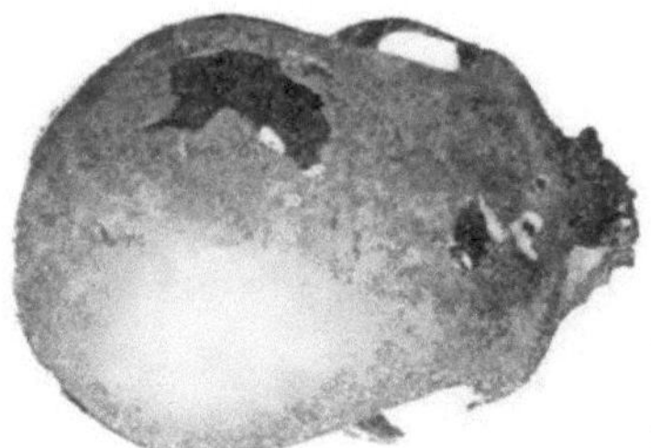

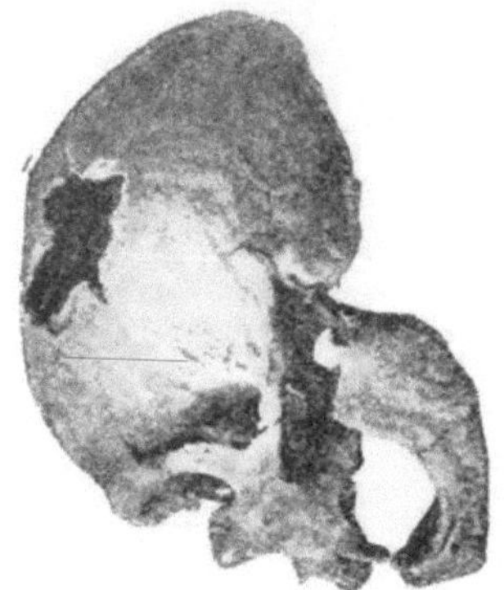

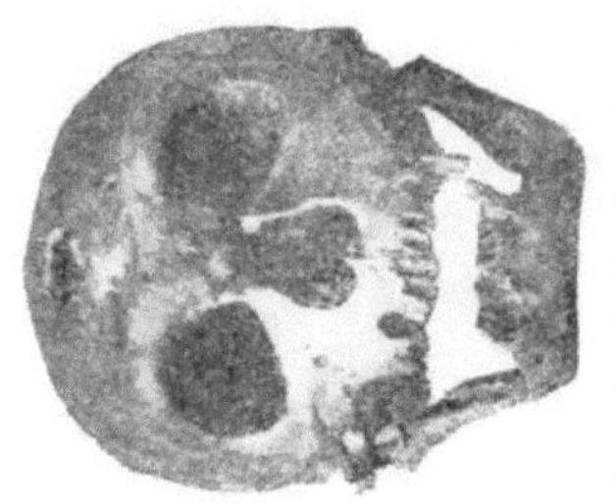

Fig. 23. Schädel eines alten Mannes der Neandertalrasse aus La Chapelle-aux-Saints, Frankreich. In 3 Ansichten. (Nach M. Boule.)

Form des Schädels, in der Körpergröße und anderen Beziehungen sind ungemein groß, aber nicht größer, als der durch stufenweisen Übergang vermittelte Abstand zwischen dem Kulturbesitz, der die beiden Formen begleitet. Außerdem ist der Zeitraum zwischen dem Anfang und dem Höhepunkt der paläolithischen Entwicklung, d. h. zwischen der Chelléen-Zwischeneiszeit und dem Magdalénien-Bühlstadium, ein ungeheuer langer gewesen, wie wir oben gesehen haben. Es scheint also denkbar, daß mit der stufenweisen Entwicklung der Kultur auch eine solche der Leibesform stattgefunden hat, und daß die Angehörigen der zweiten

Gruppe echte Nachkommen derer der ersten Gruppe gewesen sind. Übrigens glaubt man auch noch weniger veränderte Abkömmlinge der ersten Gruppe in späteren, sogar noch in geschichtlichen Zeiten nachweisen zu können.

Eine der häufigsten Formen der zweiten Gruppe, die sogenannte Cro-Magnon-Rasse, unterscheidet sich von der Neandertal-Spy-Form hauptsächlich durch den höheren, mittelgroßen oder übermittelgroßen Körperwuchs, höheren, geräumigeren, aber noch immer langen und schmalen Schädel, gedrückte Augenhöhlen, schwächere Ausbildung des knöchernen Überaugenwulstes, geringere Vorwölbung des Untergesichtes, schmälere Nase, im ganzen durch eine viel geringere Ausprägung der primitiven Merkmale, die aber doch nicht ganz aufgehoben sind. Der Unterkiefer ist noch sehr stark im Knochen, aber das Kinn schon gut entwickelt. Die kräftigen Knochen zeigen starke Muskelansätze, die der Oberschenkel zuweilen noch eine ziemlich beträchtliche Krümmung. Die Cro-Magnonform läßt sich vom Gestade des westlichen Mittelmeeres, bei Mentone, bis ins östliche Mitteleuropa (Mähren) verfolgen, hatte also eine ebenso ausgedehnte Verbreitung im alten Europa, wie die Neandertal-Spy-Form. Sie überlebte sicherlich das Eiszeitalter und bildete eines der grundlegenden Elemente der geschichtlichen Bevölkerung Europas und Nordafrikas. Die wichtigsten quartären Fundstellen dieser Menschenform sind Cro-Magnon und Laugerie basse an der Dordogne und einige andere Höhlen Südfrankreichs, die Roten Grotten bei Mentone, die Umgebung von Brünn, Předmost und die Lautscher Höhle in Mähren.

Eine andere Form der zweiten Gruppe vertreten die Negroidenskelette aus der „Kindergrotte" bei Mentone, (vgl. Fig. 24). Diese kleinwüchsige, nicht europäische, sondern afrikanische Rasse lebte an der Riviera nur wenig früher, als die Cro-Magnonrasse oder vielleicht gleichzeitig mit dieser.

Nach jüngeren Skelettfunden aus Westeuropa hätte auch diese Form das Eiszeitalter überlebt und ein allerdings nur

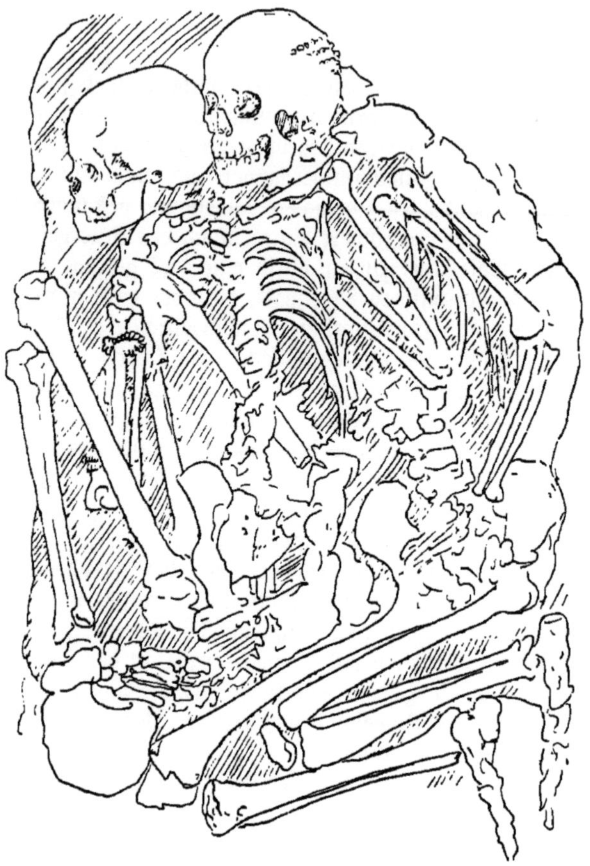

Fig. 24   Zwei Negroidenskelette aus der „Kindergrotte" bei Mentone.
(Nach R. Verneau.)

spärlich auftretendes Element der späteren Bevölkerung unseres Erdteils gebildet. Nahezu alle in größeren Bruchteilen erhaltenen Skelette des diluvialen Menschen, sowohl die der ersten, als die der zweiten Gruppe, dürften von bestatteten Leichen herrühren. Bei einigen erhellt dies mit aller Sicherheit aus der Art der Niederlegung im Höhlengrab und aus der Ausstattung der Toten mit Beigaben in Gestalt von Waffen, Werkzeugen, Schmucksachen und Farbstoffen zur Körperbemalung.

II. Die mittleren Zeiten der Urgeschichte.

1. Begriff und Umfang der mittleren urgeschichtlichen Zeiten.

Unter den mittleren Zeiträumen der menschlichen Urgeschichte verstehen wir nicht nur die vormetallischen Stufen der geologischen Gegenwart oder des „Alluviums", gewöhnlich jüngere Steinzeit, neolithische Periode oder das Zeitalter der geschliffenen Steingeräte genannt, sondern auch die frühesten, noch wenig vorgeschrittenen Zeiten der Metallbenützung, die man häufig als Kupferzeit oder Kupfersteinzeit (äneolithische Periode) bezeichnet. Die letzteren Namen sind um so weniger von allgemeiner Gültigkeit, als in diesen Zeiten neben dem Kupfer und dem Stein stellenweise auch schon die Bronze eine gewisse, bescheidene Rolle spielt. Die reine, d. i. noch gänzlich metallfreie, jüngere Steinzeit und die frühesten Zeiten der Metallbenützung decken sich teilweise, da gleichzeitig in dem einen Gebiete, z. B. in Südeuropa, schon Metall benützt wird, während es in einem anderen, z. B. Nordeuropa, noch gänzlich unbekannt ist oder gar nicht angewendet wird. Zwischen einiger Vertrautheit mit dem Metall und gänzlicher Unbekanntheit mit demselben gibt es allerlei vermittelnde

Stufen, die man nach dem Dreiperiodensystem, welches nur drei große Abschnitte: Steinzeit, Bronzezeit, Eisenzeit kennt, gar nicht scharf und schlagend bezeichnen könnte. Bei zusammenhängenden Länderräumen mit reichlichen gegenseitigen Kulturbeziehungen ist es aber auch sonst untunlich, gleichzeitige Erscheinungen in verschiedenen Gebieten ganz voneinander zu trennen und in verschiedenen Abschnitten der Kulturgeschichte zu behandeln. Darum wird der naheliegende Begriff mittlerer ungeschichtlicher Zeiten hier eingeführt.

Diese mittleren Zeiten beginnen mit dem Ende des quartären Eiszeitalters oder des Diluviums und reichen, für Europa wenigstens, bis zur Entstehung der ersten Hochkultur, der kretischmykenischen im Südosten unseres Weltteiles, und bis zum Beginne der Bronzezeit im mittleren und nördlichen Teile des Kontinents, demnach bis um das Jahr 2000 vor Chr. Geb. In anderen Gebieten ist die obere Grenze teilweise anders zu ziehen. Sie liegt tiefer (um 3000 v. Chr. oder noch früher) in Ägypten und Vorderasien, wo zwischen 3000 und 2000 v. Chr. am Nil und am Euphrat schon Bronzezeitkulturen mit hohem, historischem Kulturgepräge herrschten. In vielen ferneren Erdräumen liegt sie wieder wesentlich höher und reicht mit dem Scheitel ihrer Kurve bis in die Gegenwart herauf. Die Steinzeitvölker Zentralbrasiliens und der Südsee sind oder waren bis vor kurzer Zeit noch rein neolithische Stämme von ähnlicher Kultur wie die der mittleren Zeiten des prähistorischen Altertums. Die untere Grenze der letzteren läßt sich aus anderen Gründen kaum annähernd mit chronologischen Zahlen bezeichnen. Doch muß sie sehr tiefliegend angenommen werden, etwa vor 10—20 000 Jahren, für den nahen Orient vermutlich tiefer als für Europa. Genauere Daten lassen sich für den Beginn der jüngeren Steinzeit unmöglich angeben.

Die Kulturbedeutung der mittleren prähistorischen Zeiten kann nicht hoch genug angeschlagen werden. Vor allem vollzog sich in ihnen der Übergang zu einer neuen wirtschaftlichen Grundlage des menschlichen Daseins und die dauernde unzerstörbare Befestigung derselben. In den ältesten Zeiten lebte der Mensch vom Sammeln eßbarer Dinge, die er ohne strenge Auswahl, nicht etwa mit grundsätzlicher Beschränkung auf Pflanzenkost, der Wildnis, die ihn umgab, entnahm, dann von der Jagd. Aber sowie er den ersten Grund zur Entwicklung höherer Kulturgrade legte, bequemte er sich zur festen Aneignung nützlicher Tiere und Pflanzen, zur Haltung von Herden und zur Bestellung des Feldes, d. h. zu den großen, einen unermeßlichen Fortschritt bedeutenden Nahrungszweigen der Viehzucht und des Ackerbaues. Der Geselligkeitstrieb des Menschen hat ihn frühzeitig darauf geführt, auch Tiere zu Genossen seiner Hütte, seiner Höhle oder seines Zeltes, zu Gespielen seiner Kinder, zu Teilnehmern seiner Mußestunden zu machen. Er zähmte das eingefangene junge Wild und lehrte es, im Anschlusse an die Familie ein dem Tiere sonst versagtes zukunftsicheres Dasein zu führen. Vor allen andern Tieren wurde der Hund sein Begleiter, sein Weidgeselle, dann sein Herdenhüter. Auch beim Pflanzenbau vollzog sich der gleiche allmähliche Übergang vom einfachen Hinnehmen der Naturgaben bis zur Schaffung jenes künstlichen Systems, durch welches die Quellen derselben gleichsam erweitert, gefaßt und und gesichert aus dem Schoß der Erde in die Fruchtspeicher des Landmanns hinübergeleitet werden. Nomadisierende Menschenstämme werden zur Reifezeit mancher Früchte vorübergehend seßhaft und halten Erntefeste gleich dem Ackerbauer. Von den Wildpflanzen werden später Samenvorräte genommen und auf Wanderungen mitgeführt, wodurch Getreidearten und andere Baufrüchte eine weite Verbreitung gewinnen. Die ältesten Gerätschaften zum Feldbau sind so primitiv, daß wir heutzutage kaum etwas mit ihnen anzufangen wüßten. Doch dienten sie auch auf andere Art, als unsere heutigen vervollkommneten Ackerwerkzeuge. Der Feldbau lag in den Händen der Weiber. Mühsam und doch nur oberflächlich wurde ein Stück Land um die Wohnstatt der Familie herum besäet und als wertlos zurückgelassen, wenn die Ernte vorüber war und der Wanderstamm weiterzog.

Ihren vollen Segen entfalteten diese neuen wirtschaft=
lichen Richtungen aber erst dann, als sie, namentlich der Pflan=
zenbau, weniger die Viehzucht, den Menschen zur dauernden
Ansässigkeit an bestimmten Wohnorten leiteten. Jetzt erst
konnte er zum Bau fester Wohnstätten übergehen und sich
durch Anknüpfung an eine heimatliche Scholle der alten
kulturfeindlichen Unstetheit entwöhnen. Früher hatte er wohl
auch in manchen Gebieten Felshöhlen besiedelt; aber solche
gab's nicht überall, und oft genug mußte er sich unter elende
Windschirme und Schlafdächer aus Zweigen und Laubstreu
ducken und zusammenkauern. Durch Zusammenflechten von
Baumzweigen und Gebüschlaub konnte er das natürliche Ob=
dach des Waldes künstlich verbessern, durch Zusammentragen
von Steinen die Felshöhle umwallen oder auch ganz selbst=
ständig nachbilden. Jetzt aber lernte man Besseres. Zu=
nächst ersetzte man den natürlichen Baumwuchs durch
zusammengestellte oder eingerammte Pfähle, die eine kreis=
förmige oder viereckige Anlage der Hütte gestatteten, je
nachdem man die Stützen oben spitz zusammenlaufen ließ
und durch ein Reisiggeflecht verband oder sie lotrecht auf=
stellte, Querbalken darüber legte und außer den Wänden
noch ein eigenes Dach anbrachte. Auf ersterem Weg ent=
stand die Rundhütte, welche zugleich das Dach bildete.
Um darin aufrecht stehen zu können, hob man gern im Boden
eine Vertiefung aus, in deren Mitte das Herdfeuer brannte.
Solche zeltartige Hütten konnten nur dort Bestand haben, wo
man vor dem plötzlichen Eindringen des Wassers bei Regen=
güssen usw. gesichert ist, man errichtete sie also gern auf An=
höhen. Wo man Überflutungen des Bodens ausgesetzt war,
entstand die Pfahlhütte, welche nicht auf dem Boden selbst,
sondern auf einer künstlichen Plattform stand. Da nun der
Mensch ohne Wasser nicht leben kann und die unmittelbarste
Nähe desselben große Vorteile gewährt, so lernte er bald,

solche Hütten hart am Rande von Seen oder Flüssen, ja selbst ins Gewässer hineinzubauen und als „Pfahlbauer" über dem flüssigen Element, wenn auch nahe an dessen Ufer zu hausen. Sowohl die Hütten auf trockenem Boden, als auch die Pfahlbauhütten, standen gewöhnlich nicht vereinzelt, sondern zu Dörfern vereinigt, und auch diese früher unbekannte Siedelungsform bildete einen großen Fortschritt der neuen Kultur.

2. Die Entstehung der neuen Kultur.

Wenden wir den Blick von der älteren zur jüngeren Steinzeit unseres Weltteiles hin, so erscheint der Unterschied groß genug. Statt des kalten Klimas der Rentierzeit genießt nun Europa alle Vorzüge eines gemäßigten Klimas. Die Tier- und Pflanzenwelt ist im großen und ganzen dieselbe wie heute. Völlig verschwunden ist das Mammut und der Höhlenbär nebst einigen anderen minder hervorragenden Säugetierformen; der Löwe, der Leopard und die Hyäne sind in wärmere Gegenden ausgewandert, das Renntier und andere Vertreter der diluvialen Fauna nach Norden gezogen; Gemse Murmeltier und Steinbock haben höhere Bergregionen aufgesucht. Dafür erscheinen jetzt neben dem Menschen gezähmte Tiere, Haustiere.

Er selbst wendet sich einer seßhaften Lebensweise zu; er greift zum Ackerwerkzeug und beginnt, im Anfange lässig genug, das Feld zu bestellen. Bald lernt er auf Mahlsteinen (wie Fig. 25) Getreidekörner zerquetschen und Brei oder Brot bereiten, aus Gespinstpflanzen Schnüre drehen und Gewänder herstellen; aus Tonerde formt er, noch ohne Kenntnis der Töpferscheibe, Gefäße (s. z. B. Fig. 26), verziert und brennt sie. Jetzt weiß er auch den Stein nicht mehr bloß durch Schlagen und Stoßen, sondern auch durch Schleifen zu bearbeiten. Er fertigt polierte Steinwerkzeuge (vgl. Fig. 27 u. 28), und nach dieser Kunst, neben welcher die alte

Fig. 25. Ältester Mahlstein zum Zermalmen der Getreidekörner.

Fertigkeit, den Stein durch Hammerschläge zu formen, noch immer hergeht, ja als vorbereitende Tätigkeit zur Glättung hergehen muß, hat man dem ganzen Zeitalter den Namen gegeben. Es ist die Periode der polierten Steinsachen, die jüngere Steinzeit oder neolithische Periode (von νεός „jung" und λίϑος „Stein").

Woher kamen all diese Fortschritte? Wieder eine der schwierigsten Fragen! In westeuropäischen Höhlen sind die paläolithischen und die neolithischen Schichten oft durch mächtige Lagen

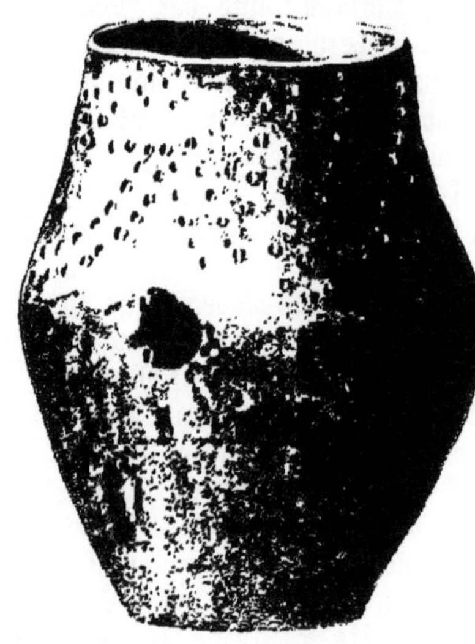

Fig. 26. Tongefäß aus einem neolithischen Pfahlbau des Attersees. ¹/₂ n. Gr.

toten Gerölls oder Kalksinters getrennt, so daß nach dem Abzug der diluvialen Bewohner Jahrhunderte vergangen zu sein scheinen, ehe ein besser gerüstetes Geschlecht an derselben Stelle auftrat. Auch an allen anderen Fundstellen wo paläolithische und neolithische Altertümer vorkommen, erscheinen sie stets getrennt, und nirgends ist eine ausgesprochene Übergangsgeschichte vorhanden. Dagegen kennt man aus Westeuropa die Hinterlassenschaft einer allerletzten paläolithischen Stufe aus einem vorgeschrittenen Abschnitte der Nacheiszeit, noch erheblich nach dem Magdalénien der Archäologen oder dem Bühlstadium der Glazialgeologen.

Dieses Asylien oder Tourassien (so genannt nach der Höhle, Mas d'Azil, Ariège, oder der Höhle La Tourasse, Haute-Garonne Frankreich) war eine warme Waldzeit, gekennzeichnet durch reich-

Fig. 27. Beilklinge aus Feuerstein (Dänemark). 1/6 n. Gr.

Fig. 28. Steinbeil: Nephritklinge in Hirschhorn gefaßt und in einen keulenförmigen Holzstiel eingesetzt (Pfahlbauten der Schweiz). 1/6 n. Gr.

liches Vorhandensein des Edelhirsches an Stelle des Renntieres, aber noch ohne die grundlegenden Kulturfortschritte der jüngeren Steinzeit: Pflanzenbau, Haustierzucht, Hüttenbau, Töpferei, Steinglättung usw. Das Steingerät gleicht dem des Magdalénien. Die Jagdharpunen sind plumper, als im letzteren, flach und aus Hirschhorn mit einem Loch an der Basis, ähnlich gewissen Hirschhornharpunen aus den viel späteren Pfahlbauten der Schweiz.

Auch das Beingerät ist gröber und unförmlicher. Nähnadeln fehlen ganz. Die bildende Kunst ist fast ganz aufgegeben. Nur eigentümliche bemalte Kiesel mit allerlei rätselhaften Zeichen bilden einen Zuwachs. Vom Ganzen hat man den Eindruck der Herabgekommenheit und Verarmung. Seine Träger können allerdings die echten Nachkommen der Besitzer des durch Verfall entarteten Magdalénien gewesen sein. Möglicherweise waren sie auch die echten Vorfahren der späteren neolithischen Bewohner Westeuropas; aber das Asylien oder Tourassien ist trotzdem kein Übergang von der älteren zur jüngeren Steinzeit, sondern nur eine letzte kümmerliche Phase der ersteren am Beginne der erdgeschichtlichen Gegenwart.

Ebensowenig sichere Belehrung über den Ursprung der neuen Kultur schöpfen wir aus dem Nachweis lokaler Vorstufen der entwickelten jüngeren Steinzeit.

Solche hat man in Italien, Frankreich und Skandinavien entdeckt und einer „mesolithischen" Periode, d. h. einer mittleren, (zwischen der älteren und der jüngeren) Steinzeit, zugesprochen (vgl. Fig. 29). Diese Bestimmung kann man gelten lassen, und es ist immerhin bemerkenswert, daß einige Formen geschlagener Steinwerkzeuge: dreieckige, sogenannte „Scheibenspalter", längliche „Pickel" und Beile mit rundlicher Schneide, die aber keineswegs schon der älteren Steinzeit eigentümlich sind, in jenen Ländern vor den Typen der entwickelten jüngeren Steinzeit auftreten. Sie bezeichnen vielleicht den Weg, auf dem die ersten Besiedler der Ostseeküsten aus Süd- und Westeuropa nach jenem nordischen Meeresbecken gelangt sind. Aber das „Campignien", wie man diese Stufe in Frankreich nennt, hat dort und in Italien andere höhere Formen der Wohnung und der Wirtschaft als die Kjökkenmöddingerstufe Nordeuropas, die eigentlich weder paläolithisch noch neolithisch ist, noch einen Übergang zwischen den beiden Kulturen darstellt.

„Kjökkenmöddinger" (auch „Skaldynger" oder „Afaldsdynger") nennt man die auf dem Festland und den Inseln Dänemarks — einst hart am Meeresstrand, jetzt infolge eingetretener Landhebung etwas landeinwärts — liegenden Wohnplätze einer uralten Fischer- und Jägerbevölkerung Nordeuropas.

Sie bestehen hauptsächlich aus wallartig angehäuften Nahrungsresten und anderen Abfällen, der Masse nach weitaus über-

wiegend aus Meeresmuscheln. Die am gründlichsten untersuchte
Fundstelle dieser Art, ein Beispiel für alle übrigen, lag bei Erte-
bölle am Limfjord und war 141 m lang, bis 20 m breit und bis
1,9 m hoch. Eine Aushebung von 314 m² Flächenraum ergab 8608
verschiedene Artefakte, 20 300 Knochenreste und an 365 Stellen
Holzkohle neben einer unzählbaren Menge von Feuersteinsplittern
und Weichtierschalen. Die Nahrung wurde auf Herden aus Feld-
steinen zubereitet und bestand, außer Fischen und Jagdwild, nament-

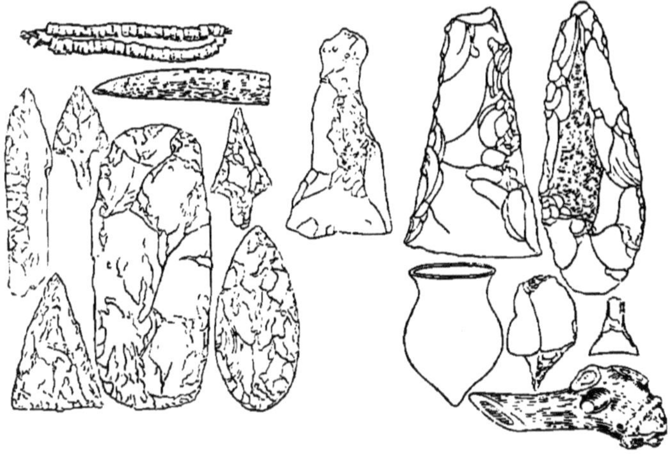

Fig. 29. Altneolithische (mesolithische) Funde: links und Mitte aus Italien,
Gegend von Verona; rechts aus Kjökkenmöddingern Dänemarks.

lich in Weichtieren; Ostrea edulis, Cardium edule, Mytilus edulis,
Litorina litorea, Nassa reticulata waren weitaus vorherrschend.
Diese Meeresfauna, besonders die Ostreen, deuten auf ein offenes
Gewässer von höherer Temperatur und größerem Salzgehalt, als
die heutige Ostsee besitzt. Die Knochen stammen zum großen Teil
von Tieren, die heute nicht mehr in jener Gegend leben: Auer-
hahn, Alk, Pelikan, Biber, Wildkatze, Luchs, Wolf, Bär, Wildschwein, Elch, Primigeniusrind. Die Untersuchung der Holzkohlen
ergab vorwiegend Eiche, daneben Birke, Ulme, Espe, Hasel, Erle
und Weide. Nadelholz ist nur sehr spärlich vertreten, die Buche
nicht sicher nachgewiesen; die Espe erscheint nur in den jüngeren

4*

Schichten. Neben typischen, bloß zugeschlagenen Feuersteinklingen fanden sich zahlreiche, zum Teil durchbohrte Werkzeuge aus Hirschhorn und Knochen, sowie Scherben grober, dickwandiger Tongefäße von etwas geschweifter Becherform, unten spitz zulaufend, ohne Henkel und feinere Verzierungen. Der Hund war das einzige gezähmte Haustier; er steht dem kleinen Spitzhund der Pfahlbauten nahe und stammt, wie dieser, vermutlich vom Schakal ab. Die Besiedler dieser Uferstellen waren lange Zeit die einzigen Bewohner des europäischen Nordens; dann lebten sie, als ziemlich rückständige Reste der Urbevölkerung, neben den allmählich nachgerückten, Feldbau und Viehzucht treibenden Bewohnern des Binnenlandes, von welchen sie auch Elemente der entwickelten neolithischen Kultur annahmen, wie die jüngeren Schichten der Muschelhaufen zeigen.

Die Entstehung der neolithischen Kultur ist also in Dunkel gehüllt. Es hält besonders schwer, sich Europa als den Schauplatz dieses Fortschrittes zu denken, da hier die Überreste aus beiden Steinzeiten so reichlich nachgewiesen sind und von vermittelnden Funden so wenig oder eigentlich gar nichts Entscheidendes vorliegt. Man hat daher schon lange an die Einwanderung fremder Stämme gedacht. welche die Elemente der neuen Kultur aus südlichen oder östlichen Ländern nach unserem Weltteil gebracht haben sollten. Diese Vorstellung läßt sich schwer ganz abweisen. Klimatisch waren ja manche Nachbargebiete, wie Nordafrika und Vorderasien, Europa gegenüber noch höher begünstigt. Auch braucht man dabei nicht an eine gewaltige katastrophenartige Völkerbewegung zu denken. Langsam, sozusagen schrittweise, mag die Einwanderung einiger mit höheren Kulturmitteln begabter Stämme aus den Nachbarkontinenten, die Vorschiebung südeuropäischer Stämme nach Mittel- und Nordeuropa erfolgt sein. Mit diesen verschmolzen die Reste der Urbevölkerung unseres Kontinents.

Die Kunst, den Stein durch Reibung auf einer rauhen Fläche zu glätten und zu schleifen, lernt der Mensch leicht von der Natur, die ihm beilähnliche Flußgeschiebe nahezu als fertige Werkzeuge entgegenbringt. Diese Kunst ist daher an verschiedenen Punkten selbständig erfunden worden, und die Formen, die sie schuf, zeigen in zahlreichen Länderräumen der alten und der neuen Welt eine Übereinstimmung, welche sich selbst auf die Art der Schäftung erstreckt. Außerdem mögen ein paar importierte Muster solcher Steinbeile hingereicht haben, die Hausindustrie größerer Gebiete in neue Bahnen zu lenken. Die Anfertigung geglätteter Steinwerkzeuge erfordert nicht nur die alte Geschicklichkeit der Zubereitung durch Schlag und Druck, sondern auch große Geduld und Ausdauer. Um eine Beilklinge auf der ruhenden Unterlage durch Reibung auszuformen und zu polieren, bedarf es vielstündiger, bei besonders harten und zähen Steinarten aber, wie Nephrit, Jadeit u. dgl., wochen-, ja monatelanger Arbeit.

Um dieselbe Zeit und auf demselben Wege hat sich die Haustierzucht in Europa eingebürgert. Mehrere Paare von Zuchttieren mochten hinreichen, diese auf einem weiten Gebiet allmählich einzuführen. Das Rind und die Ziege, das Schaf, das Schwein und der Hund bilden den ältesten Haustierstand in den Pfahlbauten der Schweiz. Das Pferd war den Bewohnern dieser neolithischen Seestationen bekannt, wurde aber noch nicht gezüchtet. Welchen Vorzug der Norden der alten Welt schon durch den Besitz dieser primitiven Haustierrassen genoß, lehrt ein Blick auf andere Erdräume. Amerika hat es bis zu seiner Entdeckung nicht weiter gebracht, als bis zur Zähmung des Hundes und des Lamas; das ganze hochkultivierte alte Mexiko besaß kein einziges gezähmtes Säugetier. In Polynesien waren Schwein und Hund die einzigen Haustiere; Afrika kannte mit Ausnahme Ägyptens das Schwein nur als Jagdwild, und auch im Nilgebiet erscheint es verhältnismäßig spät in gehegten Herden. Das Rind hat ursprünglich in Australien, Polynesien, Südamerika gänzlich gefehlt. Dagegen waren

Mitteleuropa, Mittelasien und Afrika die Verbreitungsgebiete großer starker Rinderformen, aus welchen unsere heutigen Zuchtrassen hervorgegangen sind.

Von den großen europäischen Getreidearten gehören die Gerste und der Weizen schon der Steinzeit an. Diese Zerealien waren ursprüglich wohl Wildpflanzen der Steppe, von wo kleine Samenvorräte derselben von den wandernden Stämmen mitgebracht wurden. Neben der Gerste und dem Weizen wurde in der jüngeren Steinzeit Europas vornehmlich Hirse angebaut. Außer den Baufrüchten sammelte und genoß man die Früchte des Waldes: Äpfel, Birnen, Kirschen, Schlehen, Mehlbeeren, Hagebutten, Himbeeren, Brombeeren, Holunderbeeren, Wassernüsse, Buchnüsse und Eicheln.

Natürlich war der Mensch der jüngeren Steinzeit noch ein rüstiger Jägersmann, dessen aus Pfahlbauten und Landansiedlungen erhobene Beutereste heute noch ganze Trophäenhallen füllen könnten. Namentlich Edelhirsch, Elch und Reh, Bär und Wildschwein, Fuchs, Wolf, Biber u. a., Tiere, auch Vögel, fielen seinen Pfeilschüssen und Lanzenwürfen zum Opfer. In den Pfahlbauten der Schweiz ist das allmähliche Zurücktreten der Jagd vor der Tierzucht an der Hand der erhaltenen Knochen und Geweihreste deutlich zu verfolgen.

3. Gruppen und Stufen der jüngeren Steinzeit.

Die neolithische Kultur entwickelte sich in den einzelnen Länderräumen der Erde überhaupt, sowie Europas im besonderen, verschiedenartig. Länderweise sehr ungleich sind die Wege und Stufen, über die sie geführt hat, sowie die Ziele zu denen sie gelangt ist. Die letzteren kennen wir ungefähr, die ersteren noch sehr wenig; auch für Europa liegen sie noch größtenteils im Dunkeln. Als Ursachen jener Verschiedenheit erkennen wir weniger die — sicherlich auch verschiedenen — geistigen Anlagen der neolithischen Kulturträger, als die geographischen Grundlagen der Kulturentwicklung: Weltlage, Bodenbeschaffenheit und andere natürliche Bedingungen des Kulturlebens. Eine rezente neolithische Bevölkerung tropischer Gebiete kann sehr ähnliche Züge aufweisen, wie eine solche aus Alteuropa, aber natürlich auch wieder sehr abweichende. Und so stimmen auch die neolithischen Gruppen Alteuropas miteinander nur in den allgemeinsten Zügen überein und zeigen im einzelnen große Verschiedenheiten, wie auch die Wege, auf denen sie zu ihren Zielen gelangt sind, d. h. die Stufen der neolithischen Kultur in Europa, länderweise verschieden waren.

Es sind also zweierlei Unterschiede zu beachten: solche, durch die sich die Kultur der einzelnen Länderräume Europas während der jüngeren Steinzeit kennzeichnet, und andere, durch die sich die einzelnen Stufen der Entwicklung in einem und demselben Gebiet voneinander abheben. In beiden Beziehungen zeigen sich ansehnliche Verschiedenheiten im Stoff und in den Typen der Waffen und Werkzeuge, in den Formen und Verzierungen der Tongefäße, in der Anlage der Wohnstätten und Gräber, sowie in manchen anderen Dingen, die gruppenweise oder stufenweise vorhanden sind oder fehlen oder sehr verschiedenartig aussehen. Die Erkenntnis der Gruppen hat schon größere Fortschritte gemacht als die der Stufen, die noch lange nicht für alle europäischen Länder — von den noch wenig erforschten außereuropäischen ganz zu geschweigen — mit gleicher Sicherheit festgestellt sind.

Doch hat man teilweise auch hier schon wertvolle Einsichten zu verzeichnen, und es ist kein Zufall oder nur Verdienst der nordischen Forscher, daß wir den am reichsten gegliederten Stufenbau der jüngeren Steinzeit in Südskandinavien überblicken können, während aus den Ländern am Mittelmeer nur geringes Material zur Stufengliederung der rein neolithischen Periode vorliegt. Das hat seinen Grund gewiß auch in der längeren Dauer dieser Periode im Norden und dem viel früheren Auftreten der Metalle im Süden unseres Kontinents. Dazu kommt allerdings die der Entwicklung einer, für vormetallische Zeiten, erstaunlich hohen Kultur überaus günstige Beschaffenheit des südskandinavischen Länderkreises, die der Entlegenheit desselben ein starkes Gegengewicht bot. Mitteleuropa hatte den Süden näher und erhielt daher die Metalle, zwar anfangs auch nur spärlich, aber doch früher als der Norden. Auch hier zeigt die jüngere Steinzeit eine stufenreiche Entwicklung, aber geringere Einheitlichkeit als der Norden, mehr Untergruppen von verschiedenem Gepräge, besonders gegen das Ende der Steinzeit hin, während die älteren Erscheinungen gleichartiger sind. Das entspricht wieder ganz der Lage und sonstigen Beschaffenheit dieses Ländergürtels, der von Natur aus zur kulturellen und politischen Zersplitterung neigt und den Einflüssen, sowie Einwanderungen von Osten, Süden und Norden gleichmäßig ausgesetzt ist.

Fig. 30. Dolmen (Frankreich).

Aus Westeuropa ist über die zeitlichen Abschnitte innerhalb der neolithischen Periode noch wenig Sicheres bekannt. Doch hat auch hier das Eindringen der Metalle, zu welchem deren natürliches Vorkommen in Spanien wesentlich beitrug, jener Periode ein früheres Ende bereitet, als in Skandinavien. Die Dolmen (Steintischgräber) und bedeckten Steingalerien Frankreichs (vgl. Fig. 30) gehören im Süden des Landes schon der frühesten Metallzeit, im Norden dem Ausgang der jüngeren Steinzeit an. Das ausgedehnte Osteuropa zerfällt in mehrere Untergruppen, deren eine, die galizisch-westrussische, engen Anschluß an das nordische Steinzeitgebiet zeigt. Eine andere, die finnisch-nordskandinavische, der auch große Teile Nordrußlands angehören, rührt von einer ziemlich rückständigen Jäger- und Fischerbevölkerung her und hat ein ganz eigenes Gepräge, das der „arktischen Steinzeit". Die Formen der Steingeräte, die Verzierungen der Tongefäße, die nicht seltenen Arbeiten in Plastik und Zeichnung unterscheiden diese nordöstliche Gruppe aufs schärfste sowohl von der südskandinavischen, als von der westrussischen, die sich wieder durch ihre bemalten Tongefäße und Tonstatuetten, sowie durch den früheren Besitz des Kupfers und andere Erscheinungen von der südskandinavischen Nachbargruppe scharf abhebt und mit ihren Ausläufern bis Nordgriechenland herabreicht. Die Entstehung all dieser Kulturgruppen, der Werdegang, den sie durchgemacht, und namentlich ihre Zugehörigkeit zu gewissen, aus späterer Zeit bekannten Völkerstämmen bilden noch größtenteils ungelöste, vielleicht für immer unlösbare Fragen. Zunächst können nur ihr Charakter, ihre Ausdehnung, ihre Abhängigkeit vom Boden des Verbreitungsgebietes und die zwischen ihnen herrschenden Beziehungen festgestellt werden. Aber auch diese Punkte sind noch lange nicht hinreichend ermittelt, und leider fängt man nur allzugern mit den schwierigeren oder ganz unlösbaren Problemen an, um nach den Ansichten, die man sich darüber gebildet hat, die einfacheren verwirrend zu beurteilen.

Die jüngere Steinzeit Südskandinaviens — als ältere Steinzeit dieses Gebietes gilt die Stufe der Kjökkenmöbdinger — zerfällt in 3 bis 4 Stufen, die hauptsächlich nach den Formen der Steinbeile, z. T. auch nach denen der Gräber, unterschieden werden.

Die erste Stufe hat sogenannte spitznackige Beile aus Feuerstein, seltener aus Grünstein, und nur einfache Erdgräber. Die

feineren Formen gemuschelter Steingeräte, wie Dolche und Lanzenspitzen, fehlen noch ganz. In Schweden stammen die meisten spitz-
nackigen Beile aus Schonen, weil dieses, der südlichste Teil des
Landes, am frühesten von neolithischen Ansiedlern eingenommen
wurde. Solche Beile kennt man aus ganz Europa, während die
jüngeren Beilformen immer ausschließlicher dem nordischen Gebiet angehören und neben den Formen anderer Gegenstände, die
besondere Wege bezeichnen, die in diesem Gebiet eingeschlagen
wurden. Auf das spitznackige Beil folgte das schmalnackige, die ver-
breitetste aller nordischen Steinbeilformen, dessen oberes, der
Schneide entgegengesetztes Ende nicht mehr eine bloße Spitze,
sondern eine schmale Kante bildet, wodurch der Beilumriß aus
einem dreieckigen ein viereckiger wird. Es findet sich in den ältesten
Steinkammergräbern, den einfachen Dolmen oder Steintischen.

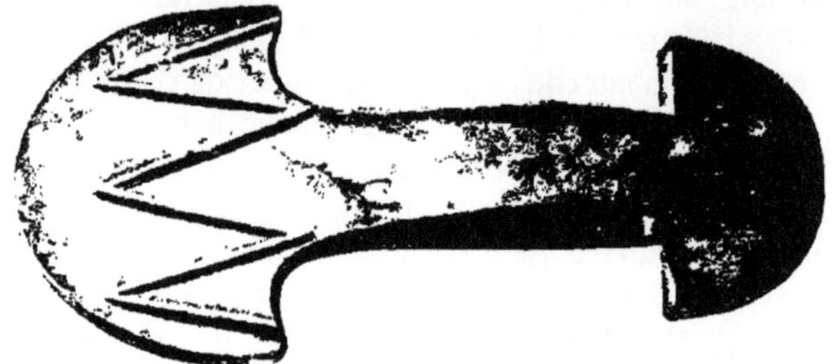

Fig. 31. Zierbeil aus Stein (Dänemark). 1/3 n. Gr.

Die dritte und vierte Stufe wird von breitnackigen Beilen mit vier-
eckigem oberen Ende eingenommen. Neben ihnen erscheinen ähnlich gebildete Beile mit Hohlschneide, Meißel und Hohlmeißel, zuweilen von sehr beträchtlicher Länge, ferner polierte und durchbohrte Hammeräxte und Doppeläxte (vgl. Fig. 31), sowie die
feineren und — in der 4. Stufe — die allerfeinsten gemuschelten
Lanzenspitzen, Dolche, Pfeilspitzen, namentlich die schönen, wohl
schon metallenen Vorlagen nachgebildeten Dolche mit fischschwanz-
förmigem Knauf. Die ältere Stufe der breitnackigen Beile, die
3. der nordneolithischen Periode, ist die Zeit der großen, von
Erdhügeln überwölbten Ganggräber aus megalithischem Baumaterial
(vgl. Fig. 32, wohl zugleich die der norddeutschen Hünenbetten, wie
Fig. 33), die jüngere Stufe, die Schlußzeit der ganzen Periode,
hat unterirdische Grabkisten aus Steinplatten, die Vorläufer der

Fig. 42. Dänischer Tumulus mit Ganggrab. („Riesenstube“, nach A. P. Madsen.)

immer kleiner werdenden Steinkistengräber der Bronzezeit. Diese Formen, die sich im Laufe der Zeit weiter und weiter nach Norden, teilweise auch nach Süden erstreckten, sollen nur ein Beispiel geben, wie man an der Hand gewisser leitender Funde die Stufen innerhalb einer Kulturgruppe verfolgen kann. Zur Charakteristik derselben tragen sie selbstverständlich weniger bei, da sie nur einen kleinen, wenn auch besonders wichtigen Teil des jeweilig herrschenden Formenkreises bildeten. Die vollneolithische Kultur Skandinaviens, deren Dauer man etwa von 5000—2000 v. Chr. ansetzen kann, ist in jeder Hinsicht ein ausgezeichnetes Beispiel dafür, wie

Fig. 33. Nordisches „Hünenbett" der Steinzeit. (Nach S. Müller.)

weit es eine intelligente Gruppe der Menschheit — hier dürfen schon die Germanen genannt werden — noch ohne alle Kenntnis der Metalle im Ausbau einer vielfach eigenartigen und mustergültigen Lebensführung bringen kann.

Vor eine andere, wohl etwas später auftretende Entwicklungsreihe stellen uns die neolithischen Pfahlbauten der zirkumalpinen Gebiete, deren Erscheinungen sich mehr im allgemeinen, als im einzelnen mit denen der nordischen Steinzeit decken. Die frühesten nachdiluvialen Kulturreste dieser Gegenden sind noch nicht in den Seedörfern zu suchen, die man vielleicht erst zum Schutze gegen herandringende fremde Menschenstämme errichtete. Nach anthropologischen Anzeichen geschah dies von einer alteinheimischen Bevölkerung des Außengürtels jener Berggebiete; doch haben in der Kupfer- und Bronzezeit auch andere Elemente, wohl eben jene fremden Stämme, an dem Bau und der Bewohnung von Pfahldörfern teilgenommen. Die Pfahlbauten der reinen Steinzeit können etwa von 4000—2500 v. Chr., die der Kupferzeit von 2500 bis 1800 v. Chr. datiert werden; ein weiteres Jahrtausend umfassen dann die der älteren und der jüngeren Bronzezeit.

Innerhalb der rein neolithischen Pfahlbauten unterscheidet man ältere (den Typus von Chavannes bei Neuveville am Bielersee) und jüngere (den Typus von Moosseedorf am gleichnamigen See). In den ersteren sind die Steinäxte noch klein und mangelhaft poliert; das Material ist ohne besondere Auswahl der nächsten Umgebung entnommen und besteht meist aus Serpentin, Diorit, Saussurit und ähnlichen Gesteinen. Auch das Tongeschirr ist grobgeformt und zeigt noch keine Verzierungen. In der zweiten Stufe, der die meisten steinzeitlichen Seedörfer der Schweiz angehören, findet man häufig viel besser geformte Steingeräte, besonders große durchbohrte Hammerbeile und nicht wenige Arbeiten aus seltenem, kostbarem Gestein, das in vielen Orten von weither bezogen werden mußte (Nephrit, Jadeit, Chloromelanit). Die Tongefäße sind mannigfaltiger geformt und häufig auch verziert. In den Stationen der Kupferzeit (Typus von Fenelz am Bielersee) verschwinden die kostbaren Gesteinssorten wieder; dafür erscheint das erste Metall (Fig. 34), und viele Werkzeuge aus Stein, Holz und Hirschhorn zeigen vollendete Gestaltung und große Mannigfaltigkeit der Formen.

Aber auch die wirtschaftliche Lebensführung änderte sich im Laufe dieser Zeiten. In den westschweizerischen Pfahldörfern der reinen Steinzeit halten die Überreste der Haus- und der Jagdtiere einander noch ungefähr die Wage, und die Haustiere sind primitive, gleichförmige Schläge, die von den mitlebenden wilden Tierformen desselben Gebietes stark abstechen, so daß sie wohl nicht aus diesen durch Züchtung im Lande selbst gewonnen sein können. In den Stationen der Kupferzeit bemerkt man dagegen einen erheblichen Aufschwung der Tierzucht. Zunächst sind die Haustiere jetzt viel zahlreicher vertreten als das Jagdwild, und dabei zeigen die ersteren durchaus Ansätze zu höherer Rassenbildung und zur Verbesserung der alten, minderwertigen Schläge.

Teils durch eigene Zähmung im Lande, teils auch wohl durch Zufuhr von außen sind neue Formen gewonnen worden. Ein mehrfacher Umschwung tritt dann in der Bronzezeit desselben Pfahlbaugebietes ein. Die Viehzucht überhaupt tritt zurück vor dem Getreidebau, und als Haupttier der ersteren erscheint nicht mehr Rind oder Schwein, sondern das eigentliche Zuchttier nomadischer Stämme, das Schaf, als Hauptzuwachs das Pferd.

Fig. 34. Flachbeil aus Kupfer (Pfahlbau im Mondsee). ²/₃ n. Gr.

Die steinzeitlichen Pfahlbauten waren hart am Ufer errichtet, so daß ihre Überreste jetzt ganz oder zum Teil auf trockenem Lande liegen. Die bronzezeitlichen Stationen lagen weiter draußen in den Seen. So fanden sich zwischen der bronzezeitlichen „Großen Station" von Aubernier und dem Ufer des Neuenburger Sees zwei kleinere steinzeitliche Pfahlbauten, 30 m von der ersteren entfernt, bei Morges im Genfer See eine neolithische Station in der Nähe des Ufers und 200 m weiter draußen die „Grande station" aus der Bronzezeit. Demgemäß war auch die Länge und Breite der ans Ufer führenden Stege verschieden. Die neolithischen Landbrücken maßen 10—20 m Länge bei 1,20—3 m Breite, die bronzezeitlichen 198 m Länge und 6 m Breite (so in Nidau) oder 270 m Länge und 4,80 m Breite (so in Mörigen). Die Größe der Pfahlbauten schwankt schon in der Steinzeit innerhalb weiter Grenzen, so daß man einzelne Gehöfte und große Flecken neben Dörfern von mittlerer Größe unterscheiden kann. Doch ist die Dorfbildung hier wie auf dem trockenen Lande vorherrschend, in einigem Gegensatz zum Norden mit seiner Vorliebe für zerstreute Siedelung, die den Germanen nach dem Zeugnisse des Tacitus noch zwei Jahrtausende später so sehr behagte.

Fig. 25. Rekonstruierte Ansicht eines Pfahldorfes.

Die Pfahlbauhütten (vgl. Fig. 35) waren viereckig und ein= oder zweiräumig, d. h. sie enthielten nur einen Koch= und Wohnraum oder auch noch einen kleinen Schlafraum. Der Vierecksbau und die mehrräumige Anlage sind im Süden vermutlich älter als im Norden, der überaus lange an dem einräumigen Rundbau festhielt. Der letztere hat sich auch in Südeuropa ziemlich zähe neben dem ersteren erhalten, zuletzt als eine Form des Grab= und Tempelbaues, und länger in Italien, als in Griechenland, das schon lange vor dem Ende des 3. Jahrtausends, so z. B. in Dimini und Sesklo (Thessalien, auch die ersten Stadtanlagen von Hissarlik=Troja bezeugen dies) Vierecksbauten besaß. Aber auch die neolithischen Land= dörfer Mitteleuropas, wie das von Großgartach bei Heilbronn in Württemberg, bestanden nachweislich z. T. schon aus vier= eckigen Hütten mit gesondertem Schlafraum. In manchen Ge= genden bringt dann die Bronzezeit, vielleicht unter dem Ein= fluß vordringender nordischer Stämme, wieder eine Rückkehr zum primitiven Rundbau, worauf erst in der frühen Eisenzeit abermals Viereckbauten auftreten. Es hat den Anschein, als ob der Rundbau mehr dem Wesen und Charakter des Hirten= lebens, der Viereckbau dem der feldbautreibenden Stämme entsprochen habe. Wenigstens mögen Wanderstämme leicht den ersteren bevorzugt und auch im Zustand der Seßhaftigkeit lange Zeit an ihm festgehalten haben.

In ausgedehnten Gebieten Mitteleuropas zwischen dem Gürtel der Pfahlbauten und der nordeuropäischen Kulturzone ist der Gruppen= und Stufengliederung der jüngeren Stein= zeit, namentlich durch Untersuchungen der Gräberformen, der Keramik und der Steingeräte, schon reichlich vorgearbeitet, ohne daß man zu entscheidenden Feststellungen gekommen wäre. Das liegt an den besonders verwickelten Verhältnissen und teilweise auch an dem besonderen Fundreichtum dieses Ländergürtels, der in seiner vollen Ausdehnung vom Schwar=

zen Meere bis zum Atlantischen Ozean reicht, also ein Äquiva-
lent Südeuropas darstellt. Soviel sich derzeit erkennen läßt,
hat in diesem weiten Gebiet der Südosten einmal eine be-

Fig. 36. Keramik des Umlaufstiles, z. T. mit Spiralmotiven.
Aus Butmir in Bosnien. ¹/₄ n. Gr.

deutende Rolle als Geber oder Vermittler von Kulturwerten
gespielt, die wir an der Hand keramischer Formen und Verzierungen — namentlich der sogenannten „Spiral=Mäander=

Dekoration" (vgl. Fig. 36), teilweise auch der Gefäßmalerei (vgl. Fig. 37) und der Tonplastik (vgl. Fig. 39) auf ihrem Wege von SO. nach NW. (mit Resten und Bruchstücken bis in die

Fig. 37. Bemalte neolithische Keramik und Plastik, z. T. mit Spiralmotiven. Aus Horodnica in Ostgalizien. (Nach G. Ossowski.)

Bretagne Westfrankreichs) verfolgen können.   Diesem südöstlichen Einfluß tritt gegen das Ende der jüngeren Steinzeit,
wieder hauptsächlich, aber nicht ausschließlich, in der Keramik
nachweisbar, ein anderer entgegen, den man der Ausbreitung

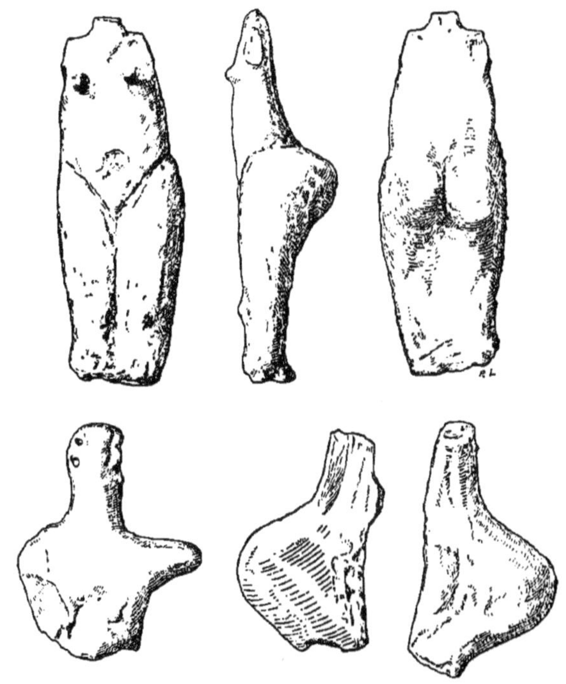

Fig. 38.   Bruchstücke weiblicher Tonstatuetten aus der Gegend von Kronstadt
in Siebenbürgen.   (Nach J. Teutsch.)   1/3 n. Gr.

nordischer Stämme zuschreiben kann (vgl. Fig. 39).   Zahlreiche räumliche Untergruppen, bald geringeren, bald größeren
Umfangs, zeigen in dieser späteren Zeit gesonderte Entwick-
lungsformen, während die frühere Stufe ein weit gleichartige=

res, fast an paläolithische Einförmigkeit erinnerndes Gepräge besitzt. Im Südosten beherrscht dieses, allerdings üppig entfaltet, auch noch die jungneolithische und die Kupferzeit,

Fig. 89. Jungneolithische Rahmenstil-Keramik aus Bosnien und Slawonien.

während weiter nördlich und westlich die ersten, noch ganz spärlichen Metallfunde des 3. Jahrtausends in anderen, nach ihrer Keramik bezeichneten Gruppen (mit schnurverzierten Gefäßen, Glockenbechern usw.) angetroffen werden.

Fig. 40. Schnurkeramische „Amphora" aus der Prov. Sachsen im Kgl. Museum zu Berlin.

Die deutschen Prähistoriker unterscheiden im Mittelrheingebiet nicht weniger als sechs neolithische Stufen: die der älteren und der jüngeren Winkelbandkeramik, der Spiralkeramik, der rheinischen (oder Bodensee-) Pfahlbaukeramik, der Schnurkeramik (vgl. Fig. 40) und der Glockenbecher (vgl. Fig. 41). Weiter östlich trifft man teilweise dieselben Formen, dazu noch die Stufen der Bernburger Keramik und der Kugelamphoren. Man spricht ferner von einem Großgartacher und Rössener Typus, einer Schussenrieder und einer Mondseegruppe. Einige dieser terminologisch getrennten Typen gehören zusammen; aber die meisten vertreten doch wirk-

Fig. 41. Zwei Glockenbecher aus Hrubčic in Mähren. (Nach J. L. Červinka.) ½ n. Gr.

lich verschiedene Stufen und Untergruppen der jüngeren Steinzeit Mitteleuropas oder wenigstens verschiedene lokale Entwicklungen innerhalb derselben Zeitstufen. Auch das Steingerät ist

oft, aber nicht immer, typisch verschieden. So gehören zur Spiral-
mäanderkeramik dicke, fast halbzylindrische „Schuhleistenkeile" und
flache, einseitig gewölbte „Hacken" (vgl. Fig. 42), zur Schnur-

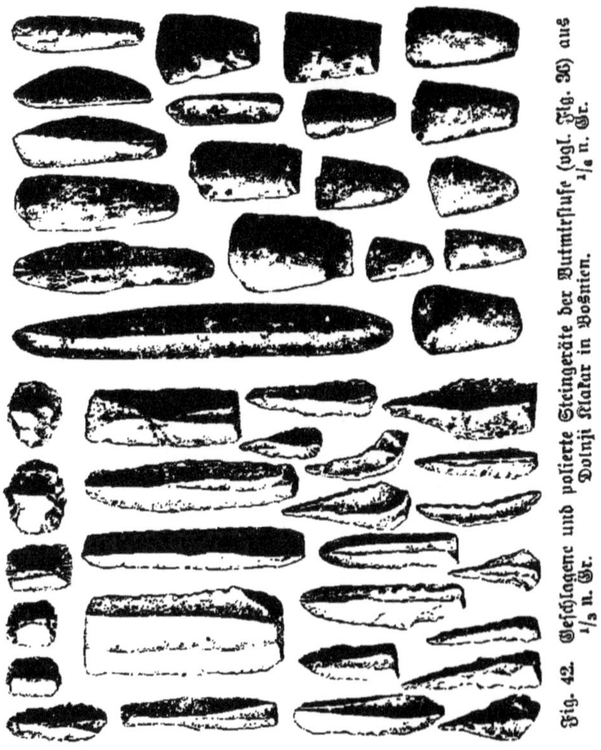

Fig. 42. Geschlagene und polierte Steingeräte der Butmirstufe (vgl. Fig. 36) aus Dolnji Klakur in Bosnien. ¼ n. Gr. ⅓ n. Gr.

keramik durchbohrte und „facettierte" Hammerbeile. In Gräbern
mit Glockenbechern finden sich, außer den zuweilen vorkommenden
Kupferdolchen, nicht selten steinerne Pfeilspitzen und kleine Schutz-
platten für den Daumen des Bogenschützen.

4. Das erste Auftreten der Metalle im Orient und in Südeuropa.

Die Zeiten, die wir in dieser Darstellung der menschlichen Urgeschichte als „mittlere" bezeichnen und mit unbestimmter oberer Grenze, mindestens aber von 5000 bis um 2000 v. Chr. reichen lassen, zeigen in Mittel- und Nordeuropa ein anderes Gesicht, als im Süden unseres Weltteils, und wieder ein ganz anderes im nahen Morgenlande. Für das letztere kann man von „mittleren urgeschichtlichen Zeiten" in diesem Umfang nur dann sprechen, wenn man die allernächsten Gebiete Vorderasiens: Syrien und Cypern, sowie Kleinasien mit dem gemeinsamen Hinterlande dieser Halbinsel und Mesopotamiens, nämlich Armenien und dem Kaukasus, im Auge hat. Denn nur diese Gebiete haben annähernd gleiche Entwicklung, wie Südeuropa. Dagegen erreichen Ägypten und Mesopotamien gegen das Ende unseres Zeitraums, im 3. Jahrtausend v. Chr., schon so hohe Kulturstufen, daß man von Urgeschichte hier überhaupt nicht mehr sprechen kann. Das alte Reich Ägyptens, wie immer man seine Dauer begrenzen mag — am wahrscheinlichsten rund von 3300 bis 2200 — und die ältesten Reiche der Sumerer und Semiten in Südbabylonien bis zur Zeit des großen Gesetzgebers Hamurrabi (ca. 1958—1916) sind schon wegen der großen Zahl hinterlassener Schriftdenkmäler und historischer Nachrichten den geschichtlichen Entwicklungsstufen im engeren Sinne beizurechnen. Hier endet die Vorgeschichte bereits mit dem 4. Jahrtausend v. Chr. Aber auch hier liegen Jahrtausende einer prähistorischen Entwicklung voraus, die über eine ältere und eine jüngere Steinzeit viel früher, als in Europa, nämlich wohl schon um 5000 v. Chr., zur Kenntnis und — allerdings noch sehr beschränkten — Benützung der Metalle, anfangs des reinen Kupfers, dann der zinnarmen und endlich der zinnreichen

Bronze, geführt haben. So erklärt sich auch der Vorsprung, den Südeuropa, namentlich dessen östliche Gebiete, im Metall=besitz vor anderen Teilen unseres Kontinents errungen haben. Diese Entwicklung wollen wir nun in den Hauptpunkten, soweit es der beschränkte Raum gestattet, verfolgen.

Das Niltal, in der älteren Steinzeit versumpft und un=bewohnbar, so daß sich paläolithische Reste nur auf seinen Begleithöhen finden, hatte in der jüngeren Steinzeit eine feldbautreibende Bevölkerung. Diese lernte aber schon sehr früh, etwa um 5000 v. Chr., das Kupfer kennen, machte jedoch zu ihren Waffen und Werkzeugen noch vorwiegend vom Stein Gebrauch, der auch im pharaonischen Ägypten noch reichlich solche Anwendung fand (so z. B. in Kahun um 1800 und in Gurob um 1400 v. Chr.). Kupfersachen enthalten schon die ältesten Muschelhaufen Oberägyptens, dann die spätneo=lithischen Gräberfelder von Nagada, Diospolis, Abydos usw., die einen wie die anderen neben reichlichem Steingerät, die Totenstätten zumal neben trefflich zugeschlagenen Feuerstein=sachen und vielen anderen, z. T. kunstvollen Beigaben: reich=verzierten Tongefäßen, geschnitzten Menschen= und Tierfiguren u. dgl. Diese ägyptische Kupferzeit des 4. Jahrtausends steht hoch über der europäischen des 3. Jahrtausends.

Dies gilt auch von der Kupferzeit Vorderasiens, wie wir sie z. B., um nur ein paar peripherisch gelegene Punkte zu nennen, aus dem Schutthügel von Susa in Elam, östlich von Mesopotamien und aus den ältesten Gräbern der syrisch=asiatischen Gestadeinsel Cypern reichlich kennen lernen. Auf dem Grunde des Schutthügels (Tell) von Susa fanden sich die Reste einer kleinen, mauerumgürteten Stadt und eines bei 1000 Gräbern umfassenden Totenfeldes aus der Zeit um 3500 v. Chr. In diesen Gräbern lagen bei den männlichen Leichen plattenförmige Kupferbeile, bei den weiblichen scheibenförmige Spiegel aus Kupfer und Schminktöpfe, außer=

dem bemalte Vasen u. a. Beigaben. Die ältesten Gräber auf Cypern (der „Kupferinsel") enthielten ähnliche Kupferbeile, dann Kupferdolche mit langen, oben umgerollten Griffangeln — eine Form, die sich wahrscheinlich von hier über Phönizien und Kleinasien nach Mitteleuropa (Ungarn, Schweiz) verbreitete — und allerlei Tongeräte, das an die Formen der 1. und 2. Ansiedlung von Hissarlik=Troja erinnert: tierförmige Gefäße, Schnabelkannen, Zwillings= und Drillingsgefäße u. a. Demnach gehören diese Gräber sicher dem 3. Jahrtausend v. Chr., an. Um die Mitte des letzteren erscheinen unter den Beigaben babylonische Siegelzylinder und Nachahmungen solcher. Eine rohe Tonplastik bemühte sich um kleine Bilder der großer weiblichen Inselgottheit, vielleicht ebenfalls unter dem Einfluß mesopotamischer Muster. Der Stein spielt hier als Werkzeugstoff eine sehr geringe Rolle. Gegen das Ende dieser Zeit verlängern sich die Dolche zu kurzen Schwertern; dann erscheint zinnarme Bronze, Gefäßmalerei und mancher andere Fortschritt, bis Cypern allmählich ganz in von außen vorgezeichnete Bahnen einlenkt.

Ein dritter, vielleicht der wichtigste Fundplatz aus dieser Zeit ist der Burghügel von Hissarlik, das alte Troja. Dieses steht an den Dardanellen wie ein Pegel, an dem man die Kultur=höhen verschiedener Schichten am östlichen Mittelmeer durch Vergleichung ablesen kann. Ursprünglich von Macht und Bedeutung durch seine Lage an der Kreuzung zweier großer Verkehrswege: eines Landweges zwischen Süd und Nord, der hier die Meerenge zu überwinden hatte, und eines See=weges zwischen dem Ägäischen und dem Schwarzen Meere, beruhte er mit seinem Ansehen und seiner Fortdauer später auf dem Gewicht der Tradition und der griechischen Helden=gesänge, deren Fernwirkung in Raum und Zeit ihm endlich auch in der Wissenschaft vom Altertum zu einer glorreichen Wiedergeburt verhalf. Der von West nach Ost gestreckte ovale

Burghügel erhob sich ursprünglich nur wenig über die Küsten-
ebene am Skamander, 35 m über dem Meeresspiegel. Nicht
höher lag denn auch die kleine älteste „Stadt", etwa 3000 bis
2500 v. Chr., von der nur wenig aufgedeckt ist. Doch fand
man, daß sie nicht mehr als 46 m Breite hatte und daß ihre
viereckigen Häuschen aus kleinen Bruchsteinen mit Lehmver-
band erbaut waren. Außer Steinwerkzeugen fanden sich
Scherben primitiver Tongefäße, z. T. mit eingeritzten einfachen Ornamenten. Ob schon diese Schichte Metall — einige
Kupferklingen — enthielt, ist nicht ganz sicher; doch könnten
die Bewohner derlei ebensowohl besessen, als entbehrt haben.

Besser bekannt ist die zweite Stadt, welche Schliemann
ursprünglich für das homerische Troja hielt, die aber lange
vor der Zeit des Trojanischen Krieges, nämlich ungefähr
2500—2000 v.Chr., blühte. Es war eine stattliche Burg mit
starken Schutzmauern und großen Wohnhäusern aus Lehm-
ziegeln, ca. 100 m breit, auf dem geebneten Schutt der ersten
Stadt erbaut. Dreimal erfuhr sie Zerstörung und Wieder-
aufbau, ein Zeichen, wie heiß um den Besitz dieses Erden-
fleckes einst gerungen wurde. In der dritten Bauperiode entstanden anstatt der alten engen Torwege ansehnliche Pro-
pyläen und im Kern der Anlage ein großer Saalbau mit
Vorhalle, ähnlich den späteren Fürstenhäusern der mykenischen
Zeit Griechenlands. Unter den massenhaft erhaltenen Klein-
funden ragen die Steinwerkzeuge an Zahl noch mächtig her-
vor. Die polierten Steinäxte zeigen natürlich sehr vorgeschrittene Formen, die schönsten sind wahre Prachtstücke aus
Blaustein (lapis lazuli) oder dunkelgrünem Gestein und gewiß
keine Werkzeuge, sondern Würdeabzeichen von Herrschern oder
Priestern. Man hatte aber auch schon Waffen und Geräte aus
guter Bronze (mit 8—10% Zinn) und mehr als das, nämlich
Schätze an Gold und Silber, hinter deren Materialwert der
Formwert der Gefäße und Schmucksachen nicht weit zurücksteht.

Minder befriedigend erscheinen die zahlreich erhaltenen Idol-
figuren aus Stein oder Knochen, die an Menschenähnlichkeit
noch hinter den ältesten zyprischen Tonfiguren zurückbleiben,
aber dieselbe Verehrung einer weiblichen Hauptgottheit aus-
zudrücken scheinen. Sehr charakteristisch und teilweise von
gleicher Form, wie
viele keramische
Funde aus anderen
Orten am östlichen
Mittelmeer, sind
die Tongefäße die-
ser zweiten Stadt:
Henkelkannen,
zweihenklige Be-
cher (vgl. Fig. 43),
Schnurösengefäße,
Deckelbüchsen, Ge-
fäße in Ring- und
Tiergestalt, sowie
menschenköpfige
Vasen, sogenannte
„Gesichtsurnen"
(vgl. Fig. 44).
Diese Keramik setzt
sich auch in der
dritten bis fünften

Fig. 43.   Zweihenkliger Becher aus Hissarlik-Troja.
¹/₄ n. Gr.

Stadt, etwa 2000—1500, ziemlich unverändert fort. Das
Ornament macht noch keine besonderen Fortschritte; nur
ganz vereinzelt erscheint Spiralverzierung und noch gar keine
Vasenmalerei. Auf mesopotamische Einflüsse deuten kegel-
und knopfförmige Siegel, vielleicht auch die erwähnten Idol-
figuren und der ziemlich entwickelte Ziegelbau. Europäisch
darf man diese ganze Kultur, auch in ihren Folgeerscheinungen,

ebensowenig nennen, als orientalisch. Sie nimmt, wie ihre wahrscheinlichen Träger, ein alter vorderasiatischer Stamm, der uns historisch am besten durch das Volk der Hethiter bekannt ist, eine bedeutende Mittelstellung ein zwischen Ost und West, zwischen der hamitisch=semitischen und der indogermanischen Welt. Die Meinung, daß schon vor 2000 v. Chr. aus Europa gekommene indogermanische Phryger, ein den Thrakern verwandtes Volk, auf Troja gehaust hätten, ist wohl ein Irrtum.

Zu den Hauptlehren, die uns die beiden ältesten Städte Trojas geben, gehört es, daß die Metalle — und zwar die echte Bronze nach dem reinen Kupfer — an einer so bedeutenden Rand=stelle Vorderasiens erst im Verlaufe des 3. Jahrtau=sends neben dem noch reich=lich verwendeten Stein sich Geltung verschaffen. An=ders in Chpern, wo der Gebrauch des reinen Kup=fers dem des Steines früher ein Ende bereitet und auch länger gewährt zu haben scheint.

Fig. 44. Gesichtsurne aus Hissarlik=Troja. 1/3 n. Gr.

Indem wir uns nun Südeuropa zuwenden, stoßen wir zunächst auf die Inselflur zwischen Vorderasien und dem griechischen Festland, auf den ägäischen Archipel mit Einschluß Kretas. Auch hier ist das 3. Jahrtausend die Übergangszeit vom Stein zum Metall; noch ältere, rein neolithische Funde liegen nur aus Kreta reichlich vor. Hier stieß man in Knossos und Phästos auf metallfreie Schichten aus dem 4., z. T. viel=leicht noch aus dem 5. Jahrtausend, wie die Mächtigkeit der neolithischen Schichten in Knossos vermuten läßt. In Phästos enthielten diese Schichten auch schon bemalte, in Knossos nur unbemalte, teilweise mit eingeritzten Ornamenten bedeckte, keramische Reste. Doch war die steinzeitliche Kultur auf der ganzen Insel anscheinend nicht sehr hoch entwickelt, kaum so hoch, als in Nordgriechenland, wo die Burgen von Dimini und Sesklo in Thessalien und einige Fundstätten in Phokis und Böotien buntbemalte Vasenscherben, die erstgenannten Akropolen auch Reste solider Viereckshäuser geliefert haben, während in Orchomenos (Böotien) bis um 2000 v. Chr. nur der kreisförmige, später elliptische Rundbau geübt wurde. In Thessalien brachte die Bronzezeit sogar wieder einen teilweisen Rückschritt, indem die Gefäßmalerei aufgegeben wurde, ganz wie in großen Gebieten des östlichen Mitteleuropa und Westrußlands, wo jene nur in der ausgehenden Steinzeit, nicht mehr in der Bronzezeit Anwendung fand.

Das 3. Jahrtausend kann man für die ägäische Welt als „troisch-zykladische Zeit" bezeichnen, da neben den beiden ersten Städten von Troja die Funde aus der älteren Kulturperiode der Zykladen (und Kretas, hier aus der sogenannten frühminoischen Periode) die Hauptrolle spielen und uns die Hauptformen vor Augen stellen. Die ältesten Steinkistengräber auf den Zykladen enthalten eng zusammengekrümmte Leichen, Kupfer-, Bronze- und Steinwaffen, Gefäße und nackte weibliche Figuren aus Marmor, tönerne Kugelgefäße und Schnabelkannen, sowie andere keramische Formen von größter Ähnlichkeit mit solchen der zweiten Stadt von Troja. Ganz ähnliche Funde hat Kreta geliefert. Melos versorgte damals das ganze östliche Mittelmeerbecken mit seinem, als Material für Messer, Pfeilspitzen usw. hochgeschätzten Obsidian, dessen Handelsrolle in den griechischen Gewässern noch lange nachher nicht ausgespielt ist. Die korrekte Ausführung von Spiralbandmustern auf Stein- und Tongefäßen geht hundertfältiger Verflachung, Entstellung oder wucherischer Anwendung dieses uralten Ziermotivs voraus, das schon die Keramik der Steinzeit Thessaliens und Mitteleuropas kennt und das sich immer wieder in allen möglichen Formen zersetzt oder Neubildungen zugrunde liegt. Auch die ersten, noch recht starren, figuralen Zeichnungen und Malereien auf Tongefäßen gehören schon der älteren Zykladenkultur an. Die Kultur stand auf diesen kleinen Inseln bis um 2000 v. Chr. höher, als auf Kreta, das hernach allerdings jene, sowie Troja, Cypern und das griechische Festland mächtig überflügelte und in Schatten stellte.

Italien unterscheidet sich von den bisher betrachteten Länderräumen am Mittelmeer hauptsächlich dadurch, daß die ältere und die reine jüngere Steinzeit viel stärker vertreten sind, als z. B. in Griechenland und den meisten Gebieten des nahen Morgenlandes. Von den paläolithischen Kulturstufen haben namentlich das Chelléen und das Moustérien hier ansehnliche Reste hinterlassen. Die jüngere Entwicklung der älteren Steinzeitkultur fehlt dagegen ganz oder fast ganz, vermutlich, weil diese Entwicklung im Süden des Alpengürtels viel früher durch das Auftreten der neuen Kultur, vielleicht auch das einer neuen, neolithischen Bevölkerung, abgeschnitten wurde, als in den nördlichen Ländern. Das reichliche Vorkommen neolithischer Überreste beruht dann wieder darauf, daß diese Halbinsel später mit den Metallen vertraut wurde und den belebenden Einfluß des Seeverkehrs mit nahen Gegenküsten erfuhr, als das griechische Insel- und Festlandgebiet. In dem einen, wie in dem anderen Verhältnis drückt sich eine Art kulturgeschichtlicher Mittelstellung aus, die Italien zwischen dem südöstlichen und dem mittleren Europa auch sonst einnimmt. Dabei unterscheidet sich die Entwicklung in den einzelnen Landesteilen der Apenninhalbinsel — Poebene, Etrurien, Unteritalien und Sizilien —

sehr merklich nach dem Grade der räumlichen Hinneigung gegen den Südosten und der Zugänglichkeit von dieser maßgebenden Seite her. Bis um den Beginn des 3. Jahrtausends währte die reine jüngere Steinzeit, von da bis über die Mitte des Jahrtausends eine äneolithische Periode oder Kupferzeit ("Remedello=Stufe") mit noch sehr ausgiebiger Steinbenützung. Die Fundorte sind, meist nach den einzelnen Landesteilen verschieden, Höhlenwohnungen, Land= und Seedörfer, Hocker= gräber in der Erde, neolithische Grabbauten und künstliche Felsengräber. Die Bodennatur bedingte, daß man in Seen und Sümpfen, später in häufig überschwemmten Ebenen, zuletzt auf Hügeln Pfahlbauten errichtete, daß man ander= wärts niedre Hütten über muldenförmigen Vertiefungen er= baute, aus Steinplatten Totenhäuser zusammenstellte oder den weichen Fels zu Grabkammern aushöhlte. Wo man in natürlichen Höhlen wohnte, wurden diese auch zu Bestattungen benützt. Verschiedenheiten des Volkstums sind darin nicht zu erkennen.

Die Kupferzeit Italiens ist zugleich die Blütezeit der Stein= bearbeitung in diesem Lande. Sie hinterließ die vollendetsten, z. T. ersichtlich nach Metalltypen geformten Waffen und Werk= zeuge aus "gemuscheltem" Feuerstein (vgl. Fig. 45): Dolche, Lanzen= und Pfeilspitzen, Messer und Sägen, daneben Streithämmer und Keulenknöpfe aus poliertem Stein. Aus reinem Kupfer oder zinnarmer Bronze hatte man Flachbeile, Dolche und kleine Schmucksachen. Ob man das Metall un= mittelbar von Osten her oder etwa durch Vermittlung trans= alpiner Stämme kennen lernte, ist ungewiß. Italien hatte schon in dieser Zeit Beziehungen zu ost= und westmittelländi= schen Gebieten (Cypern? Spanien?), gewiß aber auch solche zu den Ländern jenseits der Alpen. Nach Osten deuten u. a. gewisse gebuckelte Zierleisten aus Bein, die sich sehr ähnlich in Troja und Sizilien gefunden haben, nach Westen Silber=

schmucksachen und Glockenbecher, nach Norden die Pfahlbau=
wohnsitte. Noch manches andere hat man auf fremden, zu=
mal ostmittelländischen und orientalischen Einfluß zurück=

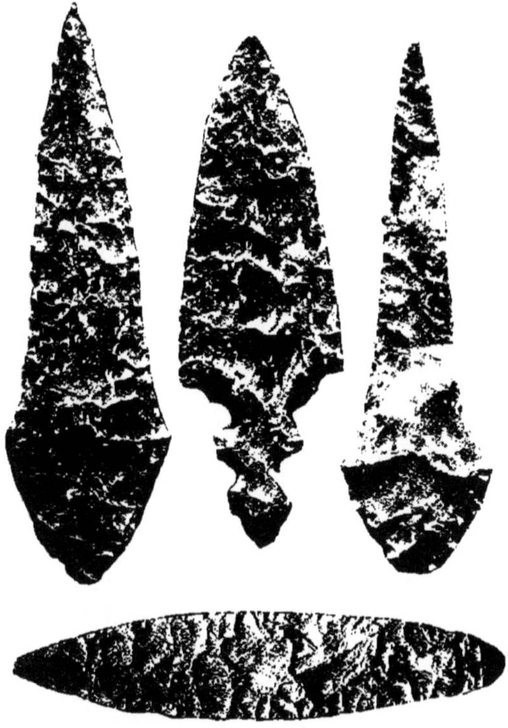

Fig. 45. Feuerstein=Dolchklingen aus der „Kupfersteinzeit" Italiens.
(Nach G. A. Colini.) $1/2$ n. Gr.

geführt. Zu solchen Erscheinungen, wie sie die zweite Stadt
Trojas darbietet, ist es jedoch auf italischem Boden während
des 3. Jahrtausends nicht gekommen. Erst den jüngeren Zeiten

der Urgeschichte blieb die höhere Entwicklung Italiens vor=
behalten; in der späteren Bronzezeit, noch mehr in der ersten
Eisenzeit, übernimmt es erst eine für weitere Gebiete führende
Rolle, zu der es durch seine Lage und Ausstattung berufen war.

Auf der Pyrenäenhalbinsel, die mit reichlichen Funden
aus der älteren Steinzeit besonders an der hochentwickelten
jungpaläolithischen Jägerkultur Westeuropas teilnimmt, folgte
dieser zunächst eine langedauernde neolithische Periode. Aus
Portugal sind sogar den nordischen Kjökkenmöddingern ähn=
liche Muschelhaufen bekannt. Steinglättung und Feldbau
scheinen diesen Ländern längere Zeit fremd geblieben zu sein.
In der voll entwickelten jüngeren Steinzeit gab es reichver=
zierte Tongefäße und viel polierte Steingeräte, z. T. von
großer Ähnlichkeit mit denen aus den beiden ältesten Städten
von Hissarlik=Troja. Aber auch hier blühte die Feuerstein=
arbeit erst in einer Übergangszeit, die schon zahlreiche Kupfer=
sachen besaß: Flachbeile und Meißel, Messer, Sägen, Pfrie=
men und Pfeilspitzen, alles von recht einfacher Form, daneben
sogar schon kleine bronzene Schmucksachen: Drahtrollen, Arm=
reifen u. dgl. In dieser Zeit, um 2500 v. Chr., erhielt man
nachweislich schon Einfuhrartikel aus überseeischen Ländern,
wie z. B. Kämme, Knöpfe, Nadeln aus Elfenbein, Perlen
aus Bernstein und Amethyst. Man erbaute unterirdische
Grabkammern, Kuppelgräber und Ganggräber, vielleicht,
aber nicht sicher, unter dem Einfluß der gleichen fremden Kul=
turträger, die den Import der Metalle und gewisser Schmuck=
sachen vermittelten. Auch hier finden sich in dieser Zeit die
schon öfter genannten, mit eingestempelten Ornamentstreifen
verzierten Glockenbecher, die dem östlichen Mittelmeerbecken
fehlen und auch in Mitteleuropa nicht über Ungarn hinweg=
reichen. Schon die Kultur des 3. Jahrtausends nimmt im
Mittelmeerbecken ersichtlich den Weg von Ost nach West,
wenn auch eine schwache Gegenströmung nicht ausgeschlossen

erscheint.   Über die Pyrenäenhalbinsel wirkten ostmittelländische Einflüsse nach dem mittleren und nördlichen Westeuropa, nach Frankreich und den britischen Inseln; denn schon in der jüngeren Steinzeit bewegte sich ein küstenländischer Seeverkehr, allerdings nur in kurzen Fahrten, bruchstückweise, um die westlichen und nordwestlichen Randgebiete des Kontinents herum und scheute selbst die Durchquerung offener Binnenmeere nicht.   So konnte auch Südskandinavien von zwei Seiten her, vom Süden vorwiegend zu Lande, vom Westen zur See, der belebenden Einwirkungen aus fremden Kultursphären teilhaftig werden.

5. Die nachdiluvialen Menschenrassen, hauptsächlich in Europa.

Es unterliegt keinem Zweifel, daß den heute lebenden Menschenrassen, wie viele man deren auch unterscheiden mag, insgesamt ein sehr hohes Alter zukommt.   Die einzelnen Länderräume der Erde sind nacheinander, aber schon in sehr früher Zeit, bis zu der keine sichere Überlieferung hinaufreicht, von den Vorfahren der Menschenstämme besiedelt worden, die wir noch heute dort antreffen.   Abgesehen von dem, erst der Neuzeit angehörigen, machtvollen Vordringen europäischer Völker in überseeische Gebiete, findet man in der Vergangenheit fast überall dieselben Formen, auch in annähernd gleicher Verbreitung, wie in der Gegenwart, teils nach dem Zeugnis erhaltener Leibesreste, teils nach bildlichen Darstellungen aus früher Zeit: in Afrika Neger, Hamiten und Libyer, in Vorderasien Semiten und Armenoide, in Ostasien Mongoloide, in Südasien verschiedene Primärstämme, in Amerika Indianer, um nur einige der bekanntesten Typen zu nennen.   Manche Gruppen, namentlich im Westen der Alten Welt, wie z. B. Hamiten und Semiten, werden mit

Namen bezeichnet, die sich eigentlich nicht auf körperliche, sondern auf sprachliche Merkmale beziehen, obwohl die letzteren zur Unterscheidung der Rassen nichts beitragen können. Aus diesem Grunde sollte man wenigstens nicht von einer indogermanischen Rasse sprechen, sondern nur von Völkern indogermanischer Zunge. Von Völkern und ihren Sprachen, welche beide erst durch die Kultur gebildet werden und kein so zähes Leben haben, wie die Naturformen der Menschheit, ist hier und im folgenden überhaupt nicht die Rede.

Jene Tatsache des frühen Auftretens und der Beharrung körperlich verschiedener Menschenstämme in räumlich getrennten Wohnsitzen ist so vielfach bezeugt, daß man sich gewöhnt hat, die heute lebenden Menschenrassen als unveränderliche Dauerformen zu betrachten. Diese Betrachtung darf jedoch nicht bis zum Zerreißen aller logischen Ketten angespannt werden, d. h. sie darf nicht zur Annahme eines extremen Polygenismus führen, als ob jede körperlich eigenartige und anscheinend unveränderliche Menschengruppe an der Stelle, wo wir sie heute antreffen, aus einer vormenschlichen Stammform hervorgegangen oder auf andere Art gesondert entstanden wäre.

Die Hauptmasse der gegenwärtigen Bevölkerung Europas bildet, mit einer Reihe anderer Völker im nördlichen Afrika, im westlichen und südlichen Asien, eine geschlossene Gruppe, deren Angehörige durch eine Vereinigung leiblicher (wie auch geistiger) Merkmale miteinander verknüpft sind. Man hat diese Gruppe als kaukasische, weiße oder mittelländische Rasse bezeichnet. Ihre Untergruppen sind sehr verschieden an Körpergröße, Hautfarbe, Kopfform und Gesichtsbildung; auch leiten allerlei Zwischenformen von ihnen zu den beiden großen Nachbargruppen in Afrika und Asien, der „schwarzen" und der „gelben" hinüber. Trotzdem gehören sie anthropologisch zusammen, wie andererseits die verschiedenen Ausprägungen der beiden letzteren, deren Wohnbereiche, wie auch die des „roten Mannes" in Amerika, je eine Vielheit bunter Erscheinungen umfassen. Diese vier Gruppen sind die größten der Menschheit. Man nennt sie wohl auch „archimorphe" Rassen, im Gegensatz zu den kleineren, meist altertümlicheren Gliedern der Menschheit, wie den Australiern, weddaischen Stämmen Südasiens, den Buschmännern Südafrikas und anderen, die man als „protomorphe", und zu den Mischrassen an den Grenzen der Hauptrassen, die man als „metamorphe" Formen bezeichnet.

Von den vier großen Menschenrassen der Erde gehören die „weiße", mittelländische und die „gelbe" asiatische in mehr als einem Sinne enger zusammen. Sie bilden die Hauptbevölkerung des altweltlichen Teiles der Nordhalbkugel und sind, entsprechend dem Gesetze, nach dem in den ausgedehnteren Wohngebieten eine höhere und reichere Entfaltung der Lebewesen sich einstellt, die Vertreter der großhirnigen (euenzephalen) oder weitköpfigen (eurnzephalen) Menschheit, die Träger der Weltgeschichte. Ihnen stehen im Süden der Alten Welt und in Australien die passiveren Elemente gegenüber, die Enghirnigen (Stenenzephalen) oder Engschädel (Stenozephalen). Diese mögen dem Ursprung der gesamten Menschheit näherstehen und in ihrer Körperbildung noch Zeugnisse eines von den Eurnzephalen längst überwundenen Werdeganges bewahren. Sicher ist, daß diese Formen in der Vergangenheit überall weiter nach Norden heraufreichten, als in der Gegenwart. Sie sind also durch die Ausbreitung höher begabter Rassen immer mehr auf die Südhalbkugel der Erde, in die eingeschränkten Erhaltungsgebiete der rückständigen Lebewesen, hinabgedrängt worden. Deshalb hat man sie auch „Standvölker", die vordringenden Elemente dagegen „Wandervölker" genannt.

Innerhalb der eurnzephalen Welt ist der Westen, mit

Europa, Nordafrika, Westasien, also das Gebiet im weitesten Umkreis des Mittelmeeres, vor dem Osten durch höhere und reichere, sowie namentlich auch durch frühere Entwicklung der Kultur ausgezeichnet. Man kann den zeitlichen Vorsprung ungefähr auf ein Jahrtausend veranschlagen, die geographischen Begünstigungen, denen er zu verdanken ist, von jeder Karte herablesen und sein schließliches Ergebnis in jeder Kulturgeschichte dargestellt finden. Der Gemeinplatz, daß Europa eine „Halbinsel Asiens" sei, hat hier wenig zu sagen. Eher darf man auf den großen Anteil hinweisen, den, nach den Zeugnissen der Paläontologie und der Prähistorie, Nordafrika an der Entwicklung des Natur- und Kulturlebens am Mittelmeer hatte. Sicherlich waren die Beziehungen zwischen den Gegengestaden dieses Meeres viel fruchtbarer, als jemals die zwischen Nord- und Südamerika oder gar die zwischen Asien und Australien.

Die gegenwärtige Rassentafel Europas zeigt in ihrer einfachsten Fassung drei Typen, die man als grundlegende Elemente der heutigen Bevölkerung ansehen kann. Zwei derselben fallen überdies für eine ferne Vorzeit in ein einziges zusammen. Diese drei Typen sind: 1. der nordische („teutonische") von hoher Statur, heller Haut-, Haar- und Augenfarbe, langer Kopf- und Gesichtsbildung, — 2. der südliche („mediterrane") von geringerer Körperhöhe, dunklerer Haut-, Haar- und Augenfarbe, jedoch ebenfalls langer Kopf- und Gesichtsform, — 3. der mittlere („alpine") von mittlerer Körpergröße, meist gedrungenem Gliederbau, unausgesprochener Farbenkomplexion, kurzer Kopfform und breitem niedrigem Gesicht. Den ersten Typus hat man auch germanisch, fränkisch oder den Reihengräbertypus, den zweiten iberisch, den dritten keltisch, arvernisch, sarmatisch usw. genannt. Dabei ist jedoch wieder zu erinnern, daß man bei der Behandlung von Rassenfragen, die einen naturwissenschaftlichen Gegenstand bilden, nicht von einem germanischen oder einem slawischen usw. Typus reden sollte, da die Völker dieser Sprachgruppen aus verschiedenen Elementen zusammengesetzt sind. Fast nirgends findet man die drei oben genannten Typen in voller, ausschließlicher Reinheit, obwohl die verhältnismäßige Rassenreinheit der Bevölkerung mancher Länder Europas in Vergangenheit und Gegenwart nicht unbeträchtlich ist. So hat der nordische oder teutonische Typus in Schweden und Norwegen, der südliche oder mittelländische in Spanien und Portugal, der mittlere oder alpine in Süddeutschland und der Schweiz die entschiedene Vorherrschaft. Diesen Ländern stehen jedoch andere gegenüber, in denen höhere und höchste Grade der Vermengung aller drei Typen eingetreten sind, wie z. B. in Frankreich und Italien. Die Ursachen dieser Verschiedenheit sind geographischer und geschichtlicher Natur. Die skandinavische und die Pyrenäenhalbinsel bilden größere, gut abgegrenzte Randgebiete, die der Reinhaltung alten Typen zuträglich waren. Auf ähnliche Weise begünstigte ein zentrales Wohngebiet, wie die Schweiz, die Absonderung und Erhaltung eines anderen Typus, während Länder, wie Frankreich und Italien, in einzelnen Teilen die Reinkultur, in anderen die Vermengung der Typen unterstützten und dadurch gemischte Bevölkerungen hervorbrachten, bei denen sich die Interessen der Menschheit nicht schlecht aufgehoben fanden.

Man hat mehrfach angenommen, daß der südliche oder mittelländische Typus, den man sogar von Nordafrika herleitete, die älteste Ausprägung der nachdiluvialen europäischen Menschheit darstelle. Von ihm soll der nordische Typus abstammen, dessen besondere Kennzeichen, wie Blondheit und hoher Körperwuchs, in der Abgeschiedenheit skandinavischer Wohnsitze nachträglich erworben seien. Durch das Auftreten des mittleren oder alpinen Typus wäre in die ursprünglich rein langköpfige Bevölkerung Europas ein Keil kurzköpfiger

Elemente getrieben worden. Dieser hätte die alte Einheit in zwei Teile auseinandergesprengt, die sich unter dem Einfluß extrem verschiedener Wohngebiete fortan sehr ungleich ent=wickelten. Da nun Asien ein Hauptgebiet kurzköpfiger Men=schen bildet, hat man in jenem Keil das Eindringen fremder Elemente aus Asien erblicken wollen. Andere sehen jedoch in ihm nur das langsame Anschwellen eines einheimischen, euro=päischen Elementes, das in den Berggebieten — Karpathen, Alpen, Pyrenäen — vermutlich unter dem Einfluß solcher Wohnsitze entstanden sei und von hier aus immer größere Ausbreitung gefunden habe.

Wie dem auch sei, in Wahrheit weiß man nichts zweifellos Sicheres über Ursprung und Herkunft jener drei Typen. Im Norden war der „teutonische" einst noch stärker vertreten, als gegenwärtig. Er ist durch kurzköpfige Elemente indessen weniger eingeschränkt worden, weil Wanderungen von Süd nach Nord in jüngeren Zeiten nicht mehr stattfanden. Auch für Mitteleuropa bezeugen die alten Gräberfunde ein Voran=gehen langköpfiger Elemente, die jedoch hier von kurzköpfigen sehr frühzeitig durchsetzt und in die Minderzahl gedrängt worden sind. Verfolgt man die Fundstellen der letzteren in den Gräbern aus der jüngeren Steinzeit, so erhält man aller=dings das Bild einer von Ost nach West gerichteten Strömung, die im Osten sehr breit ist, gegen Westen sich mehrfach ver=zweigt und zwischen ihren Armen die Wohngebiete kleiner langköpfiger Gruppen einschließt. Wenn diese Schädelformen nicht Dauertypen wären, müßten Kultur und Umgebung die Unterschiede aufgehoben haben. Auch jene Forscher, die nicht an die asiatische Herkunft des brachyzephalen Stromes oder Keiles glauben, leugnen die Möglichkeit der Entstehung kurzer aus langen Schädelformen. Die ersteren haben in ungleicher Stärke auch nach Südeuropa hinübergegriffen, weniger nach Spanien, Portugal und nach Griechenland, mehr nach Italien und dem Norden der Balkanhalbinsel. Im Süden unseres Kontinents und auf den Inseln des Mittelmeeres ist der mediterrane Typus sicher der ursprüngliche und mehrfach heute noch weitaus vorherrschende. Somit erscheinen, wie im Diluvium, die langköpfigen Menschenformen doch als die älteren oder wenigstens in alter Zeit viel stärker verbreiteten auch während des Alluviums oder der geologischen Gegenwart. Wie weit sie etwa auf diluviale Stammformen zurückgehen, ist nicht zweifelfrei ermittelt. Doch stößt man auch in der jüngeren Steinzeit und noch später, ja bis zum heutigen Tag, auf die Formen der Cro-Magnonrasse unter den Bewohnern Westeuropas und Nordafrikas. Auch die Nachkommen der Neandertalrasse will man in mehreren Gebieten mit Sicherheit erkannt haben, teils in alten Gräberschichten, teils unter der lebenden Bevölkerung, und sogar die negerähnliche Grimaldirasse soll nach dem Ablauf des Diluviums nicht ganz erloschen sein und noch heute einen kleinen Zug im Antlitz der europäischen Völkermasse bilden.

Die Verknüpfung rassenkundlicher und kulturgeschichtlicher Tatsachen ist schwierig. Für die ältere Steinzeit stimmen wohl niederer Kulturbesitz und niedere Leibesform bei der Neandertalrasse, höheres Kulturgut und höhere Ausbildung der Körperform bei der Cro-Magnonrasse miteinander gut überein. Ebenso harmonieren die höheren Leistungen der euryzephalen Menschenrassen im Norden der alten Welt, die geringeren Erfolge der stenozephalen Formen der Südhalbkugel mit der im allgemeinen Durchschnitt entsprechend größeren, bzw. kleineren Gehirnmasse der Angehörigen dieser beiden Menschheitsgruppen. Aber für die Untergruppen der weißen Rasse und nun gar für die Typen der europäischen Bevölkerung steht die Sache lange nicht so einfach. Man hat freilich allen Möglichkeiten Raum gegeben, um einen recht klaren und einfachen Zusammenhang festzustellen. Höhere Veranlagung wurde von der einen Seite für den mediterranen, von der anderen Seite für den teutonischen Stamm in Anspruch genommen, und tatsächlich gehören ja beide, anfangs der erstere, dann der letztere, zu den tatkräftigsten Mitschöpfern der europäischen Kultur, an deren höherem Ausbau sie noch heute hervorragend beteiligt sind. Aber für keinen von beiden darf das Privilegium unbedingter und ausschließlicher Schöpferkraft beansprucht werden. Auch der alpine Stamm ist nicht müßig bei Seite gestanden, wenn wir auch nicht mehr glauben werden, daß er es war, der die ersten geglätteten Steinbeile, die ersten Haustiere und Kulturpflanzen aus Asien nach Europa gebracht hat. Diese kamen vielmehr, wenn überhaupt von auswärts, zuerst zum mediterranen Stamme Südeuropas oder mit diesem überhaupt erst nach Europa. Eine im allgemeinen doch gleiche Veranlagung aller drei Stämme unseres Kontinents (oder wieviele man sonst unterscheiden will) hat dann bewirkt, daß die neolithischen und die jüngeren Kulturgüter, woher sie immer stammen mochten, mehr nach Maßgabe geographischer Bedingungen, als rassenhafter Anlagen, langsamer oder rascher in ganz Europa Aufnahme und Verbreitung fanden.

III. Die jüngeren Zeiten der Urgeschichte Europas.

1. Begriff und Umfang der jüngeren urgeschichtlichen Zeiten.

Die jüngeren urgeschichtlichen Zeiten sind die letzten Vorstufen höherer, historischer Entwicklung der Menschheit oder, besser gesagt — da diese nicht als Ganzes, in geschlossener Masse auf einer gemeinsamen Kulturbahn vorgeschritten ist —, der einzelnen Gruppen der Menschheit auf den von ihnen eingeschlagenen Wegen. Diese letzteren laufen doch schließlich, wenn sich die Gruppen nur lange genug erhalten, auf irgendeinen tätigen oder leidenden Anteil an der Geschichte der höheren Kultur hinaus, und die Gruppen werden nach und nach in einen allmählich die ganze bewohnte Erde umspannenden Geschichtsgang hineingezogen. Es sind also Übergangszeiten, die sich als solche nicht fest begrenzen lassen. Doch fassen wir als jüngere urgeschichtliche Zeiten, namentlich Europas, hier die prähistorischen Metallperioden bis um den Beginn unserer Zeitrechnung, also die beiden letzten Jahrtausende v. Chr. Geburt, zusammen. Den Anfang dieser Zeiten bezeichnet das Entstehen der ersten, noch vorgeschichtlichen Hochkultur auf europäischen Boden — der kretisch-mykenischen — und das erste Auftreten der Bronze als wertvolles Kulturmetall im größten Teile unseres Kontinents. Beide Ereignisse fallen um 2000 v. Chr. und waren von größter Tragweite für die Folgeperioden. Das Ende dieser Zeiten ist durch die räumliche Vollendung des klassisch-antiken Macht- und Kultur-

kreises gegeben, durch das Vorrücken der römischen Reichs=
grenzen bis an den Rhein und an die Donau. Auch für die
außerhalb des Weltreiches verbleibenden Stämme und Gebiete
bedeutet dieses Näherrücken der reifen Mittelmeerkultur den
Anbruch einer neuen Zeit, die zwar noch vorgeschichtlich ge=
nannt werden kann, aber von spät=antiken Elementen immer
mehr und mehr durchdrungen wird.

Wollte man bis an das absolute Ende urgeschichtlicher Kultur=
zustände gehen, so dürfte man freilich auch hier die Schilderung
nicht abbrechen. Über das nordöstliche Europa hätte man sich
nach den fremden Kontinenten hinzuwenden und nicht nur bis zur
Gegenwart herabzusteigen, sondern jenes unbedingte Ende erst
von der Zukunft zu erwarten. Aber die Darstellung der mensch=
lichen Urgeschichte kann aus verschiedenen Gründen überhaupt nur
gut ausgewählte und sinnvoll zusammenhängende Beispiele vor=
geschichtlichen Kulturganges geben. Dazu eignet sich Europa zwar
nicht ausschließlich, aber doch besser als irgend ein anderer Erdteil.
Denn nirgend sonst ist eine annähernd ähnlich große Masse von
Zeugnissen verschiedensten Alters und fast gleichmäßiger Aus=
breitung über alle Strecken der Zeit und des Raumes zu finden.
Die Kulturbedeutung paläolithischer, neolithischer und frühmetal=
lischer Formen hat man überhaupt erst durch die europäische Prä=
historie kennen gelernt; und was die nicht zu bestreitende Lücken=
haftigkeit der archäologischen Überlieferung betrifft, so darf man ja
nicht glauben, durch den reicheren Stoff aus dem Kreise noch
lebender Naturvölker ein lückenloses und rätselfreies Geistesbild
dieser Völker oder etwa gar ihrer Jahrtausende umfassenden Vor=
geschichte gewinnen zu können. Wenn dieser Stoff einerseits vor
dem Trümmerwerk der alten Zeugnisse vieles voraus hat, fehlt
ihm andererseits mindestens ebensoviel an methodischem Wert, da
er, flächenhaft gelagert, die sicherste Gewähr kulturgeschichtlicher
Dokumente, die stufenweise Gliederung, so gut wie völlig vermissen
läßt.

2. Die Bronzezeit.

Die Betrachtung der europäischen Bronzezeit hat vom
Südosten auszugehen, wo, wie wir sahen, die Metalle,
voran das Kupfer, überhaupt zuerst aufgetreten sind. Doch

haben wir uns mit dem nahen Orient, der um 2000 v. Chr. schon in voller historischer Blüte stand, hier nicht mehr zu befassen. Er übte noch lange seine Wirkungen auf unsern Kontinent; aber dieser bot ihm fortan ein starkes Gegengewicht, das immer kräftiger wurde, Angriffe zurückschlug, ja selbst unternahm und zuletzt zur Unterwerfung des Morgenlandes unter europäische Herrschaft führte. Diese Gegenwirkung begann gewiß schon früher, wird aber jetzt erst deutlich und greifbar. Im östlichen Mittelmeerbecken wird die „prämykenische" (auf Kreta „altminoische") oder — wie man sie auch nennen könnte — troisch-zykladische Kulturperiode um 2000 v. Chr. abgelöst durch eine auf Kreta wurzelnde und von hier aus ihre Wirkung über Orient und Okzident verbreitende Entwicklung.

Zunächst geschieht dies durch die „protomykenische" oder „mittelminoische" Kultur der Kamareszeit (ca. 2000—1700), so genannt nach einem Orte Kretas, bei dem (in einer Grotte des Berges Ida) die ersten für diese Periode charakteristischen üppig bemalten Tongefäße gefunden wurden. In dieser Zeit, wenn nicht schon etwas früher, entstanden die ersten Königspaläste in Knossos, nahe der Nordküste, und in Phästos, nahe der Südküste der Insel, offene ausgedehnte, vielräumige Anlagen, die später wiederholt erneuert und umgebaut wurden. Aus dieser Zeit stammt auch die erste, schon sehr regelmäßige Stadtanlage beim Orte Phylakopi auf Melos.

Auf die Kamareszeit mit ihrer Neugründungen und ihrer, aus den erhaltenen Werken hervorleuchtenden, bunten und wucherischen, aber noch bildarmen Pracht, folgt, etwa von 1700 bis um 1500 v. Chr., das Zeitalter eines blühenden naturalistischen Kunststils, in Kreta die Periode des Neubaues der Paläste von Knossos (vgl. Fig. 46) und Phästos und der Gründung des in der Nähe des letzteren Ortes gelegenen Palastes von Hagia Triada, in Mykenä die Zeit der meisten Schachtgräber auf der Akropolis dieses kyklopisch ummauerten Herrschersitzes der Argolis. Aus dem Inhalt dieser goldreichen Gräber lernte man zuerst den Prunk und die Eigenart der Bronzezeit Griechenlands kennen. Jetzt nennt man ihre Zeit auch die frühmykenische Periode. Ein neuer Geist, der in mancher Beziehung alles Orientalische in den Schatten stellt, entfaltet sich auf europäischem Boden und verbreitet seinen Glanz zunächst nur über das insulare und kontinentale Griechenland, dann, von hier ausgehend, auch über weitere Gebiete. Auf Kreta steigert sich dieser Glanz um 1500 v. Chr. zur Periode des „Palaststiles", die auf dem griechischen Festlande „mittelmykenisch" genannt wird. Der letzte Umbau des Palastes von Knossos und die jüngsten erhaltenen An-

Fig. 46. Der sogenannte „Thron des Minos" in den Palastruinen von Knossos auf Kreta. (Nach A. J. Evans.)

lagen der Paläste von Mykenä und Tiryns stammen aus dieser Zeit, in der die prunkliebenden Bewohner Kretas als „Keftiu" und Bringer zahlreicher köstlicher Gaben ihrer einheimischen Kunstindustrie auch in ägyptischen Inschriften und Wandgemälden genannt und dargestellt sind.

Etwa von 1400—1200 währte dann das spätmykenische Zeitalter, für Kreta schon eine Verfallszeit, die mit der Zerstörung der

Paläste von Knossos und Phästos begann, zugleich aber die Periode
größter Ausbreitung der ursprünglich auf Kreta entstandenen, nun

Fig. 47. Mykenische Edelmetallgefäße, z. T. mit getriebener oder eingelegter
Verzierung.

stark abgeflachten und verblaßten Kunstformen.   Auch Rhodus,
Kleinasien und Cypern, zuletzt sogar Palästina, wohin die Philister

(Pulesata der ägyptischen Chroniken) aus Kreta übersiedelten, traten nun in den mykenischen Kulturkreis ein, der aber bald, durch das Auftreten der hellenischen Stämme in Griechenland und dessen

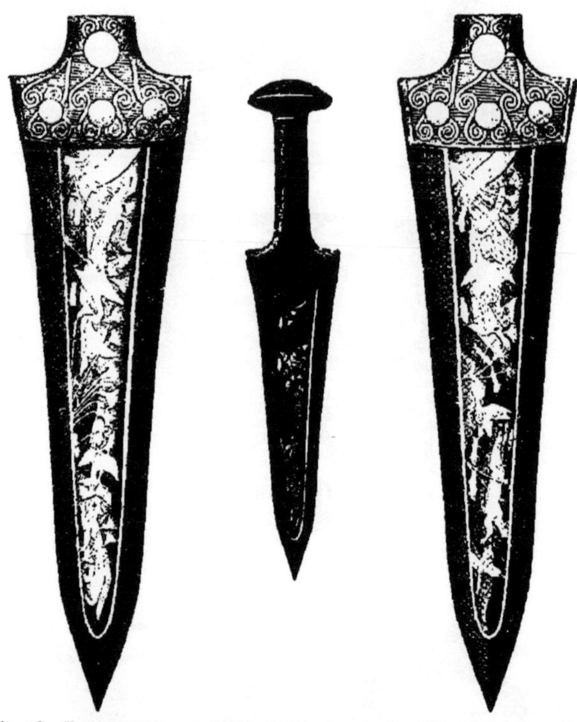

Fig. 48. Bronzedolch aus Mykenä mit eingelegter Darstellung jagender katzenähnlicher Tiere (in 3 Ansichten).

Inselwelt, durch die Einführung des Eisens und des geometrischen Kunststiles ein ganz anderes Gepräge erhielt. Manches Spätmykenische deutet schon nach dieser Richtung; sehr viel Althellenisches, besonders Ostgriechisches, setzte mykenische Traditionen fort oder wurzelte in der Überlieferung aus dieser Zeit, so neben vielen tech-

nischen Fortschritten der Kern und Inhalt der griechischen Helden=
lieder, die unter dem Namen Homers auf uns gekommen sind.

Aus der spät=
mykenischen Zeit
stammt die „6.
Stadt" von Hissar=
lik=Troja, die, wenn
irgend eine, das von
den Achäern nach
jahrelanger Bela=
gerung eingenom=
mene und zerstörte
Ilion des Priamos
war. Die berühm=
ten Schachtgräber
von Mykenä, in
denen Schliemann
die Gebeine des
Agamemnon und
anderer sagenbe=
rühmter Achäer
entdeckt zu haben
glaubte, sind aber
um Jahrhunderte
älter, haben also
mit dem Kriegszug
gegen jene Stadt
nichts zu tun. Diese
6 Gräber, von wel=
chen 2 (das 4. und
5.) vielleicht sogar
noch aus der Kama=
reszeit stammen,
enthielten die Reste
von 17 erwachsenen
Personen und 2

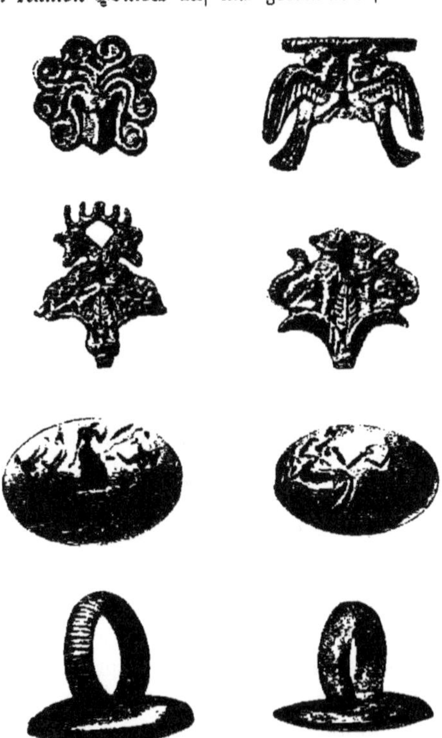

Fig. 49. Goldene Zierstücke und Fingerringe
aus Mykenä.

Kindern. Als Beigaben fanden sich bei den Männerleichen Waffen,
bei den Frauenleichen Schmuck, außerdem Gefäße (vgl. Fig. 47) und
andere Gegenstände aus Gold, Silber, Kupfer, Alabaster und Ton.
An Gold enthielten 5 Gräber zusammen über 100 Pfund; Waffen
und Werkzeuge waren aus Bronze, nur Pfeilspitzen und Messer aus

Obsidian verfertigt; von Eisen hat sich keine Spur gezeigt. Die Bronzewaffen sind: Dolche (zuweilen überaus schön mit Gold eingelegt, vgl. Fig. 48), Schwerter (ein- oder zweischneidig, die letzteren sehr lang und schmal mit goldbelegten Holzgriffen, zum Teil auch mit Bein- oder Alabasterknäufen), Speerspitzen (mit gegossenen Düllen, selten), Flachbeile (keine Äxte mit Schaftloch). Die Schmucksachen und kleineren Bildwerke (vgl. Fig. 49) zeigen den hohen Stil des kretischen Naturalismus; die Flachreliefs der plattenförmigen Denkmäler über den Gräbern sind von viel geringerem Kunstwert.

In der mittel- und spätmykenischen Zeit erbaute man den Toten Grabkammern aus behauenem Stein. Ein Teil derselben sind große gemauerte Kuppelgräber mit rundem Hauptraum und langem Zugange (in Mykenä: 7; beim Heräon unweit von Mykenä: 1; bei Sparta: 2; in Menidi nördlich von Athen: 1; bei Orchomenos in Böotien: 1; bei Dinini im südöstlichen Thessalien: 1; zusammen 13). Weit zahlreicher sind die kleineren viereckigen Grabkammern (Volksgräber) bei und in Mykenä, Nauplia, Sparta, Athen, Antikyra (Phokis), Volo (Thessalien), wie man solche auch auf den griechischen Inseln (Melos, Jalysos usw.) kennt. Sie sind nicht zu verwechseln mit dem Typus der älteren Steinkistengräber von Amorgos usw. Daß sie dem Ende der Bronzezeit angehören, lehren einige neue Erscheinungen, so die Fibeln einfachster Form in den „Volksgräbern" von Mykenä und das Auftreten von Eisen in Gestalt einfacher Fingerringe. Auffallend sind die einfachen Formen der gewöhnlichen nicht aus prunkvollen Gräbern stammenden Werkzeuge und Waffen während der ganzen Bronzezeit Vorderasiens und Griechenlands gegenüber der reichen Entwicklung, welche dieselben Urtypen in Italien und dem übrigen Europa gefunden haben.

Die Vergleichung Griechenlands mit den übrigen Ländern Europas zeigt, wie verschiedene Charakterzüge bronzezeitliche Kulturen gleichen Alters unter ungleichen geographischen und sonstigen Verhältnissen darbieten können. Man möchte fast Anstand nehmen, die kretisch-mykenische Periode als „Bronzezeit" zu bezeichnen, eine so geringe Rolle spielt dieses Metall unter den erhaltenen Überresten der Architektur, Malerei, Plastik, Keramik usw. In den anderen Ländern sind dagegen die Bronzen das Wertvollste, wenn auch nicht das einzig Wertvolle, das aus derselben Zeit auf uns gekommen ist. Daraus darf man wohl zunächst schließen, daß die ältesten Bronzen in den letzteren Ländern Gaben aus dem südöstlichen Europa oder dem angrenzenden nahen Morgenlande gewesen sind, worauf auch die Typen jener Bronzen, namentlich der Dolche und Flachbeile, hindeuten. Ferner wird man auch nicht zweifeln können, daß der Zierstil jüngerer, schon in eigenen Gußwerkstätten hergestellten Bronzen des Nordens, besonders das reichlich angewendete Spiralornament seinen Ursprung nicht eigener Eingebung oder alter Tradition, sondern neuen, vom Süden ausgehenden Einflüssen verdankt. Denn die Spiraldekoration erscheint jetzt zum Teil auf ganz anderm Boden, als die — auch nur in den Hinterländern Südeuropas blühende — neolithische Spiralverzierung, nämlich in Skandinavien, und zwar genau zu der Zeit, wo man sie, jene Einflüsse vorausgesetzt, dort erwarten darf: vor der Mitte des 2. Jahrtausends, nach dem Ausgange der protomykenischen oder Kamareszeit, in der die Volutenverzierung im ägäischen Kulturkreis vorherrschte.

Weiter aber kann man die Bronzezeit der westlichen, mittleren und nördlichen Länder Europas nicht als vom Orient oder vom ägäischen Kulturkreis abhängig bezeichnen. Dazu ist der allgemeine Unterschied viel zu groß. Dort ist die Bronzezeit vielmehr eine durch die Aufnahme des Metalls verhältnismäßig nur wenig bereicherte Fortsetzung der neolithischen Periode in der Form, welche die letztere Kultur im größten Teil Europas angenommen hat. Dafür zeugen die Pfahlbauten und Terramaren der Schweiz und Oberitaliens, die Landdörfer und Gräber überall. Der größte Teil Europas blieb bis an das Ende der jüngeren urgeschichtlichen Zeiten, was er schon in der jüngeren Steinzeit gewesen war: ein Erdraum ohne Städte, kunstvollen Steinbau, Bild- und Schriftdenkmäler, ohne Münze (nur Ringgeld aus Bronze findet sich zuweilen, s. Fig. 50), Töpferscheibe, drehbare Mühlsteine usw.,

7*

dagegen mit vergänglichen Erd= und Holzbauten, kleinen Dörfern, plump aufgeschütteten Grabhügeln oder flüchtig bezeichneten Flachgräbern, mit kurzzügigem Tauschhandel, mürben, aus freier Hand gefertigten Tongefäßen, unförmlichen Mahlsteinplatten und Quetschsteinen für das Getreide, kurz: ein kulturrückständiges Gebiet, das vereinzelten äußeren Anstößen Folge gab und einzelne technische, sowie ästhetische Anlagen seiner Bewohner zur Geltung kommen ließ, sonst aber weit hinter der gleichzeitigen Entwicklung des Südostens zurückblieb. Das Kulturgebiet des letzteren war doch noch zu klein und zu entlegen, um größere Fernwirkungen auszuüben. Erst das letzte Jahrtausend vor Chr. und die hellenisch=römische Kultur des klassischen Altertums schuf die Grundlage für engere Beziehungen zwischen Süd= und Nordeuropa.

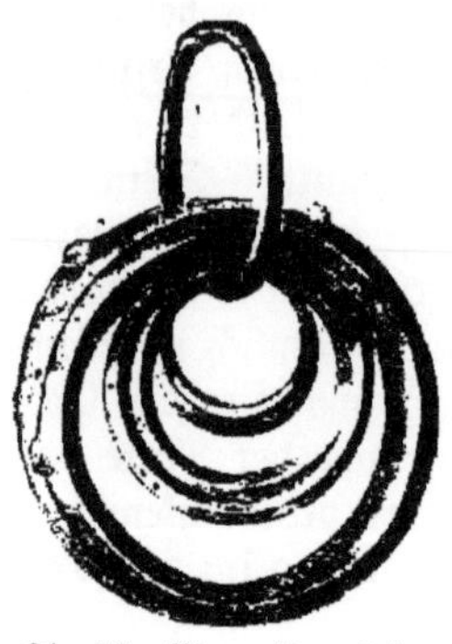

Fig. 50. Ringgeld aus der Bronzezeit (Mähren). ¹/₃ n. Gr.

Auch die Bronzekultur und die Bronzezeit Europas zerfällt in räumliche Gruppen und in Zeitstufen. Eine der ersteren bildet die ägäische Welt, deren Entwicklungsstufen bereits angegeben wurden. Ferner Gruppen, die, gegenüber der eben genannten, größere Gleichartigkeit der Kulturformen zeigen, finden wir in Italien, Westeuropa (bis tief in die Mitte des Kontinents), im östlichen Mitteleuropa (hauptsächlich in Ungarn) und in Nordeuropa: Norddeutschland und Südskandinavien, eine halbasiatische, ural=altaische Gruppe in Osteuropa (und Sibirien), eine ganz besonders reiche, gleichfalls halb asiatische, zu beiden Seiten des Kaukasus mit Beziehungen zur ägäischen, ostmitteleuropäischen und zur ural=altaischen Gruppe. Die Stufenfolge innerhalb dieser Gruppen ist nicht überall mit gleicher Deutlichkeit zu erkennen. So kennen wir z. B. aus Spanien-Portugal fast nur Schichten der ältesten, aus Kaukasien fast nur solche der jüngsten Bronzezeit. In den besser durchforschten Ländern überblickt man dagegen meist einen wohlgeordneten Stufenbau, der in dem Wechsel der Gerätformen und Zierstile einen, zwar innerhalb enger Grenzen, aber doch stetig verlaufenden Anstieg der technischen Fertigkeit und auch des Kunstgeschmackes erkennen läßt.

Man unterscheidet die Stufen der Bronzezeit hauptsächlich mit Hilfe der charakteristischen Formen und Verzierungen der Metallgeräte und Ton-gefäße, teilweise auch der Bestattungsge-bräuche (anfangs noch brandlose Bestattung, dann Leichenverbren-nung), weniger der Grabanlagen (Flach- und Hügelgräber). Die hier bemerkbaren Ver-

Fig. 51. Holzschaft für einen Palstab (Hallstatt). 1/10 n. Gr.

schiedenheiten beruhen teils auf langsamer, innerer Ent-wicklung, teils auf Anregungen von außen, wobei auch Italien für die angrenzenden nördlichen Gruppen bald eine beträcht-liche gebende Rolle spielt. Hier können nur einige „Leit-fossilien" aus dem Formenkreise der Bronzen verschiedener Stufen angeführt werden.

Aus der ältesten Bronzezeit oder den ersten Jahrhunderten des 2. Jahrtausends v. Chr. stammen fast in ganz Europa die gleichen, sehr einfachen Formen. Es sind flache plattenförmige Beilklingen mit Randleisten (zu denen knieförmige Schäfte wie Fig. 51 gehörten), dreieckige, beim Griffansatz ziemlich breite Dolchklingen, in manchen Ländern auch sogenannte Schwertstäbe, nämlich beilartig geschäftete Dolchklingen, ferner glatte, massive Hals- und Handgelenkringe, spiralförmig gewundene Armschienen und anderer Spiralröhren-schmuck aus dünnem oder stärkerem Draht, manschettenförmige

Armbänder, einfache Gewandnadeln (noch keine Fibeln) meist mit einer Öse zum Anhängen und oft mit säbelförmiger Krümmung der Spitze. In Mitteleuropa wird die Zeit dieser Formen, die sich, neben eigentümlichen, schön geformten Gefäßen, oft in Flachgräbern mit zusammengekrümmten Skeletten, den sogenannten „liegenden Hockern" finden, nach einem nordböhmischen Fundort Aunjetitzer Stufe genannt.

Einer mittleren Bronzezeitstufe, um die Mitte des 2. Jahrtausends, gehören an: Beilklingen mit querlaufendem, geradem oder

Fig. 52.   Nordisches Steinkisten-Brandgrab der Bronzezeit.
(Nach S. Müller.)

spitzem Absatz zwischen dem Schaft und dem Schneideteil, und Palstäbe mit mittelständigen Schaftlappen, schlankere Dolche, kurze und auch schon etwas längere Schwerter mit parallel laufenden Schneiden und kurzer Griffzunge, ferner an Schmucksachen: Hals-, Arm- und Fingerringe, deren Enden häufig in Spiralscheiben auslaufen, flache offene Armbänder und dickere, gravierte Armreifen mit kleinen Endstollen, allerlei Nadeln mit scheibenförmigem Kopf und geripptem Hals, mit radförmigem Kopf u. a. Im Norden blüht um 1500 v. Chr. das gravierte Spiralornament in feinen, strengen Formen und äußerst sorgfältiger Ausführung auf Schwertgriffen und Schwertknäufen, edelgebildeten Axtklingen, Zierscheiben und anderen Schmucksachen. Es erscheinen auch schon die ersten, noch schlanken und einfachen, in Süd- und Mitteleuropa einteiligen, im

Fig. 58. Beigaben aus einem Urnenfelde der bronzezeitlichen „Lausitzer" Stufe bei Eisgrub im südlichen Mähren. (Nach A. Rzehak.)

Norden zweiteiligen Fibeln mit stabrundem, schraubig gedrehtem oder blattförmigem Bügel. In der Totenbestattung geht man zum Leichenbrande über, der früher nur vereinzelt geübt wurde (vgl.

Fig. 52), und es erscheinen die großen Urnenfelder mit vorwiegend keramischer Ausstattung (vgl. Fig. 53).

Die jüngere Bronzezeit West- und Mitteleuropas — das sind die letzten Jahrhunderte des 2. Jahrtausends v. Chr. — hat Lappenäxte ("Palstäbe") mit hochsitzenden Schaftlappen und Düllenäxte (Hohlcelte), blattförmig geschweifte Dolchklingen, mittellange Schwerter mit vollem, verziertem Bronzegriff oder breiter Griffzunge, schöne Messer mit vollem Griff, Griffzunge oder Tülle, Rasiermesser mit doppelter Klinge (vgl. Fig. 54), edelgeformte Lanzenspitzen mit geschweiftem, vom Grat zur Schneide abgestuftem Blatte, Nadeln mit großem, verziertem Kugelkopf, reichgravierte rinnenförmige Armringe mit großen Endstollen, Fibeln mit halbkreisförmigem, oft dick geripptem Bügel, die ältesten Schlangenfibeln u. a.

Fig. 54. Bronzenes Rasiermesser aus dem Pfahlbau von Peschiera im Gardasee. ¹/₂ n. Gr.

Während mit diesen Formen in West- und Mitteleuropa um 1000 v. Chr. (in Italien schon um 1100 v. Chr.) die reine Bronzezeit schließt, dauert sie in Norddeutschland und Skandinavien noch ein halbes Jahrtausend länger, nicht ohne den Einfluß der um die letztere Zeit in Mitteleuropa blühenden Hallstattkultur zu erfahren. Diese jüngere Bronzezeit des Nordens glänzt durch die Verzierung der Waffen und Schmucksachen, sowie der — nicht geschmiedeten, sondern kunstvoll gegossenen Hängegefäße mit neuen, nicht mehr ganz einfachen Spiralmustern, an denen zuweilen Tierkopfendungen erscheinen. Man macht auch reichlichen Gebrauch von Spiraldrahtscheiben als Endungen der Schmuckgeräte, und von Schraubenwindungen, die bis zur kunstvollen Form der tief-

gefächerten „Wendelringe" mit mehrfach wechselnder Win-
dungsrichtung gesteigert werden. Man trägt große und schwere
Brillenfibeln, die immer noch aus zwei gesondert gegossenen
Teilen bestehen. Die Nadeln bekommen „Schwanenhälse",
die breiten Rasiermesser schiffähnliche u. a. figurale Gravierun-
gen. Ein Teil dieser Formen geht in Norddeutschland schon
neben dem Eisen einher, und manche derselben sind hier sogar
schon in Eisen ausgeführt. Die Entwicklung, in der „Alles
fließt", läßt sich ja nirgends mit ganz scharfen Grenzen in
ihre Stufen zerlegen.

Durch seinen Reichtum an edlen und teilweise sehr vorgeschrittenen Formen, sowie durch seine vorzügliche Metalltechnik, wurde das langedauernde Bronzealter des europäischen
Nordens zur augenfälligsten Erscheinung unter den jüngeren
Zeiten der menschlichen Urgeschichte. In ihr hat man denn
auch, nach langer Vergessenheit die Tatsache und das Wesen
einer reinen Bronzezeitkultur zuerst wieder erkannt, während
die einstige Herrschaft solchen Kulturen in anderen Ländern,
vielfachen Funden zum Trotz, beharrlich in Abrede gestellt
wurde, bis man auch dort sich besserer Einsicht beugen mußte.
Jetzt erkennt man, bei allen lokalen Unterschieden, überall
in Europa stufenweise aufsteigende Entwicklungsbahnen der
Bronzezeitkultur, die von schlichten, einfachen, vielfach noch
an die jüngere Steinzeit erinnernden Formen zu höheren,
praktisch und ästhetisch wertvolleren Arbeitserzeugnissen führen.
Die Bronzetechnik geht, ihrem Ursprung angemessen, vom
Gußverfahren aus und bedient sich der Schmiedekunst mehr
zur Vollendung und Verzierung, als zur ersten Anlage der
Typen. Später wird das anders, und die Schmiedearbeit be-
kommt auch an den Grundformen reicheren Anteil. Diese
Bewegung geht vom Süden aus und berührt den Norden zunächst weniger. Sie hat die hauptsächlich auf der Schmiedekunst beruhende Metalltechnik, die Eisenzeit vorbereitet.

3. Die erste Eisenzeit (Hallstattperiode).

Wie bei jedem großen Fortschritt der Kultur kann man auch bei der Aufnahme des Eisens unter die von der Natur dargebotenen, vom Menschen durch Arbeit errungenen Besitztümer einen äußeren und einen inneren Verlauf des geschichtlichen Herganges unterscheiden. Beide ergänzen sich wechselseitig und sind gleichmäßig vom Kulturhistoriker in Betracht zu ziehen. Der äußere Verlauf knüpft sich häufig, aber nicht immer, an Einflüsse aus fremden Kulturkreisen, Handelsbeziehungen u. dgl. Der innere Verlauf gründet sich auf die Bedingungen, an die sowohl Übertragung und Entlehnung, als auch die von außen unabhängige Entstehung neuer Kulturformen, die unbeeinflußte Aneignung neuer Kulturmittel gebunden sind. Wenn die Bronze in Europa ihren Weg von Süd nach Nord genommen hat, so wird es wohl auch mit dem Eisen nicht viel anders gegangen sein; aber ganz derselbe Hergang hat sich in den beiden Fällen doch nicht abgespielt. Denn inzwischen waren die europäischen Völker vorzügliche Gußtechniker und Bronzeschmiede geworden. Sie nahmen das zweite Kulturmetall nicht so gierig auf, wie das erste. Das Eisen hatte es schwerer, sich durchzusetzen; auch hat man im ganzen Altertum (und Mittelalter) seine Vorzüge lange nicht in dem Maße ausgenützt, wie die der Bronze, und es z. B. nicht zu gießen verstanden. Es war zunächst einfach ein Ersatz der kostbaren Bronze. Die hohe Entwicklung der Schmiedetechnik in der jüngeren Bronzezeit, der Bedarf an größeren und schwereren Metallwaffen und Metallwerkzeugen, welcher durch die allgemeine Kultursteigerung naturgemäß entstehen mußte, und die Schwierigkeit der Beschaffung ausreichender Mengen von Kupfer und Zinn oder fertiger Bronze für die stets anwachsende Bevölkerung aller Länder drängten zu solchem Ersatz. Dazu kam vielleicht noch das Versiegen der Quellen, aus denen man

die Gegengaben für die von auswärts bezogene Bronze
schöpfte, z. B. des Goldes, sicherlich auch die steigende Verwen=
dung der Bronze für Schmucksachen, Gefäße und Schutz=
waffen größeren Umfanges und von Formen, die früher teils
ganz unbekannt, teils auf kleine Gebiete beschränkt waren.
Die meisten erhaltenen Helme, Panzer, Beinschienen, Vasen,
Fibeln, Schmuckgehänge aus Bronze gehören nicht der Bronze=,
sondern der ersten Eisenzeit an.

Alles das drängte zu einer Neuerung, zu einer Stellver=
tretung, aus der erst mit der Zeit ein wirklicher Fortschritt
geworden ist. Man bequemte sich endlich, weil es mit den alten
Mitteln nicht mehr ging, zum Ausbringen des Eisens aus seinen
Erzen und zur Behandlung des unreinen Rohproduktes in
mühseliger Schmiedearbeit. Aber kein Mensch kann sagen,
und es wird wohl nie mehr ermittelt werden, wo man damit
zuerst begonnen hat und wer da der Lehrmeister anderer
geworden ist. Niemand weiß, wie viele Gebiete selbständiger
Eisenerzeugung einst vorhanden waren, und wieweit ihre
Einflußzonen gereicht haben. Nur ganz im allgemeinen läßt
sich feststellen, daß der Fortschritt im nahen Orient früher ge=
macht wurde, als in Europa und im Süden des letzteren
wieder etwas früher, als in Mitteleuropa, aber bedeutend
früher, als in Skandinavien.

Aus Ägypten ist vom Eisen vor der Mitte des 2. Jahrtausends
wenig oder nichts bekannt, ebenso aus Vorderasien. In Griechenland
erscheint es vor dem Ausgange der mykenischen Kulturperiode, um
1400, nur ganz spärlich, häufiger erst von 1250 ab, in der ersten
nachmykenischen Zeit. In Mittelitalien ist es um 1100 schon ziemlich
verbreitet, in Oberitalien um diese Zeit noch selten. Im 10. bis
9. Jahrhundert taucht es nördlich der Alpen, in der Nordschweiz und
in Süddeutschland auf. In den Ostalpen und den nördlich angren=
zenden Donauländern wurde es frühzeitig und fleißig verarbeitet.
In Norddeutschland und Skandinavien kommen einzelne Eisen=
sachen schon vor 1000 und in den darauf folgenden Jahrhunderten
vor, aber ohne das allgemeine Kulturbild der Bronzezeit zu ver=

ändern; erst um 500 bricht auch dort die Eisenzeit an. Die ältesten
Eisenfunde sind an vielen Orten kleine Schmucksachen (Ringe) oder
Einlagen auf Bronze. Man sieht daraus, daß auch dieses neue
Metall anfangs kostbar war, wenigstens in solchen Gegenden, wo
man es noch nicht selbsttätig gewann, sondern auf den Import an-
gewiesen war. Diese Eisenfunde bezeichnen jedoch noch nicht den
Beginn der ersten Eisenzeit, sondern nur das herannahende Ende
der reinen Bronzezeit, sowie das Ende der jüngeren Steinzeit sich
durch das Auftreten der ersten kleinen und spärlichen Schmucksachen
aus Kupfer und Bronze ankündigt.

Europa zerfällt auch für die erste Eisenzeit wieder in mehrere Gruppen mit gesonderter Entwicklung, eigenem Kulturgepräge und eigenen Leitformen für die einzelnen Stufen der
ersteren. Griechenland unterscheidet sich hierin sehr auffällig
von Italien, dieses wieder von den nördlich angrenzenden
Länderräumen usw. Griechenland scheidet am frühesten aus
dem Kreise der prähistorischen, d. h. der historisch dunklen
Kulturgebiete. Es folgt damit dem Orient, in deutlichem
Zusammenhange mit diesem. Hier liefert die bildende Kunst,
namentlich im Ornament und der figuralen Zeichnung auf
Tongefäßen und Bronzen, die Einteilungsgründe für die Ent-
wicklungsstufen. Aber nur die Perioden der geometrischen
Stilarten, die schon im mykenischen Zeitalter angebahnt
wurden, können hier als erste Eisenzeit (etwa 1200—700 v.
Chr.) bezeichnet werden. Die Nachwirkungen der kretisch-
mykenischen Kultur und fortdauernde, wenngleich abgeschwächte
Einflüsse aus dem Orient sind auch während des „griechischen
Mittelalters", der Zeit der Einwanderung der hellenischen
Stämme und ihrer Festsetzung in bleibenden historischen Be-
zirken, nicht zu verkennen. Dann folgt, durchaus verständlich,
wieder ein Zeitalter verstärkter Aufnahme orientalischer Stil-
richtungen, durch die sich die Griechenstämme zur frühesten
kunst- und kulturgeschichtlichen Ausprägung ihrer ebenso hohen,
als vielseitigen Eigenart hindurchrangen. Das gehört aber
nicht mehr hierher, sondern in die schon Künstler- und Städte-

namen verewigende Geschichtserzählung. Begreiflicherweise übernimmt jetzt Griechenland die Rolle des Morgenlandes als der Teil der östlichen Mittelmeerwelt, von dem für das übrige Europa die fruchtbarsten Anregungen zur Kultursteigerung ausgehen. Diesen Einfluß erfährt, unter den Formen des See= handels und der Kolonisation, zunächst Italien, am frühesten Unteritalien und Sizilien, dann Etrurien, zuletzt Oberitalien und, zumeist über das letztere, die Alpenländer und Mittel= europa. Für Etrurien unterscheidet man zwischen einer proto= etruskischen und einer etruskischen Eisenzeit und läßt die erstere von 1100 bis 900, die letztere von 900 bis 500 v. Chr. währen. In der älteren Stufe herrschen noch rein geometrische Stil= arten. Die jüngere Stufe ist durch einen mächtigen Auf= schwung des griechischen und orientalischen Handelsverkehrs, dem große Gräberschätze ihre Herkunft verdanken, gekenn= zeichnet. Die erste Eisenzeit Oberitaliens heißt, nach einem Fundort im Bolognesischen, auch Villanovaperiode, die Zeit, in welcher der griechische Import, durch die Etrusker ver= mittelt, auch Oberitalien erreichte, nach der Karthause bei Bologna, in deren Boden sich viele Gräber mit einschlägigen Zeugnissen fanden, Certosaperiode.

Nur für die Alpenländer und die Zone zwischen diesen und dem Gebiet der jüngeren nordischen Bronzekultur nennt man die erste Eisenzeit „Hallstattperiode“ nach einem Fundorte im oberösterreichischen Salzkammergut.

Hier wurde, im Rücken des Marktfleckens Hallstatt, hoch über dem steilen Bergabhange und dem gleichnamigen See ein aus= gedehntes Flachgräberfeld mit vielen tausend Bestattungen aus der ersten Hälfte des letzten vorchristlichen Jahrtausends aufgedeckt. Es enthielt die größte Menge reicher Gräber, die im mittleren Teile unseres Kontinents jemals erschlossen wurde, und zeigt sowohl im allgemeinen den Wohlstand einer vom Salzbergbau lebenden Bevölkerung, als auch im einzelnen die mannigfachen Formen materieller Kultur, deren man sich nun auch schon in einem so entlegenen Alpental erfreute. Daher lohnt es sich, diesen berühmten

Fundort etwas näher ins Auge zu fassen, wodurch wir zugleich einen vollen Überblick über den Formenkreis der erften Eifenzeit in der danubifch-rheinifchen Zone Europas gewinnen.

Ungefähr in der Hälfte der Gräber fanden fich die Refte unverbrannter, in der anderen Hälfte die Refte verbrannter Leichen.

Fig 55. Brandgrab aus der Nekropole auf dem Salzberg bei Hallftatt (Seiten-Anficht und Daraufficht).   ca. $\frac{1}{12}$ n. Gr.

Diefer Verfchiedenheit der Beftattungsweife entfpricht kein ebenfo großer Unterfchied in den Beigaben; denn es enthielten 525 Skelettgräber an Bronze: 18 Waffen, 1543 Schmuckfachen, 37 Geräteftücke, 31 Gefäße; an Eifen: 165 Waffen, 42 Geräteftücke, dann 6 Gold-, 171 Bernftein-, 41 Glaszierftücke, 342 Tongefäße, 61 Spinnwirtel, Schleiffteine und andere Kleinigkeiten; dagegen 455 Brandgräber an Bronze: 91 verfchiedene Waffen, 1735 Schmuckfachen, 55 Gerätestücke, 179 Gefäße; an Eisen: 348 Waffenstücke, 43 Werkzeuge, dann 59 Gold-, 106 Bernstein-, 35 Glasschmucksachen, 902 Tongefäße, 102 verschiedene kleine Beigaben.

Hieraus ergibt sich, daß die Brandgräber im allgemeinen reicher mit Waffen, Bronze- und Tongefäßen ausgestattet waren, während die Skelettgräber mehr Bernsteinschmuck enthielten als die ersteren. Aus beiden Reihen ersieht man jedoch, wie in dieser Zeit bei der Fabrikation von Waffen und Werkzeugen die Bronze gegen das Eisen zurücktritt, dagegen zur Anfertigung von Gefäßen mit Vorliebe verwendet wird. Fig. 55 zeigt uns die Anlage und Ausstattung eines der reicheren Brandgräber. Der Leichenbrand ist auf dem Boden einer schlecht gebrannten ovalen Tonmulde ausgebreitet. Nahe dem Rand stehen einige Ton- und Bronzegefäße. Auf der Asche liegen die Waffen und Schmucksachen: 1 Eisendolch mit Bronzegriff, mehrere eiserne Lanzenspitzen und 1 bronzener Palstab, dann ein paar bronzene Gewandhaften, die eine brillenförmig aus Draht

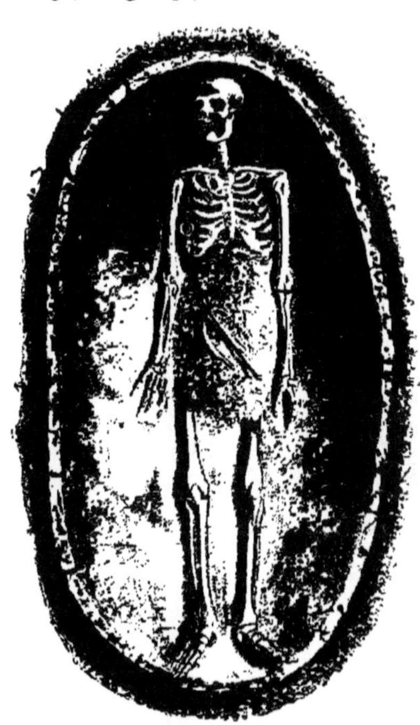

Fig. 56. Skelettgrab vom Salzberge bei Hallstatt. ca. ¹/₁₂ n. Gr.

gewunden, die andere eigentümlich durchbrochen, gegossen, mit Anhängseln, ferner ein Armring u. a. Das Grab gehört der jüngeren Hallstattstufe an, deren Dauer etwa von 600 bis um 400 v. Chr. angenommen werden kann.

In Fig. 56 sehen wir in einer ähnlichen Tonmulde ein Skelett mit ein paar Gewandhaften auf der Brust. In der Gegend des Unterleibes ist ein Leichenbrand aufgeschüttet, zu dem ein Messer und eine Lanzenspitze als Beigaben gehören. Die Skelette von Hallstatt lassen auf einen kräftigen, mittelgroßen dolichozephalen (möglicherweise keltischen, vielleicht selbst germanischen) Stamm, jedenfalls auf Menschen nordischer Rasse schließen. In den Bronzegefäßen, die, wie die Tongefäße, nur ausnahmsweise als Behälter des Leichenbrandes dienten, fanden sich manchmal Tierknochen, d. h. Reste von Nahrungsmitteln. Jedes Grab enthielt 3 bis 5 Tongefäße. Häufig waren die Gräber mit Steinen umstellt und mit Steinlagen zugedeckt.

Unter den Beigaben erregen zunächst die Waffen unsere Aufmerksamkeit. Andere Gräberfelder dieser Zeit sind lange nicht so reich daran, oft nahezu waffenleer; hier aber sind es häufig wahre Prunkstücke männlicher Wehr, mit denen man die Toten ausgerüstet. Die langen Schwerter, für die ältere Hallstattstufe (etwa 800—400 v. Chr.) geradezu charakteristisch, zeigen meistens die Form von Figur 57; sie sind aus Bronze oder aus Eisen; die eisernen haben zuweilen einen mit Bernstein verzierten Elfenbeinknauf. Es fanden sich auch ganz mit Goldblech überzogene Griffe solcher Schwerter. Zahlreicher erscheinen in der jüngeren Stufe eiserne Dolche mit Bronzegriff und hufeisenförmigem Knauf. Der schönste in Hallstatt gefundene Dolch ist in Fig. 58 abgebildet;

Fig. 57.
Bronzeschwert
(Hallstatt).
¹/₁₀ n. Gr.

Fig. 58.
Eisendolch mit
Bronzegriff
und bronzener
Scheide
(Hallstatt).
¹/₅ n. Gr.

auch in diesem Stück geht die Gestalt des Knaufes auf die erwähnte Hufeisenform zurück. Lanzenspitzen aus Bronze sind selten, solche aus Eisen sehr gemein, die Pfeilspitzen dagegen gewöhnlich aus Bronze, seltener aus Eisen. Die Formen der Palstäbe und Hohlcelte unterscheiden sich wenig von denen der Bronzezeit (vgl. Fig. 59 und 60); daneben finden sich öfters eiserne Flachbeile mit kleinen Ärmchen, die zum Anbinden der Klinge an den Schaft dienten, und in einer gewissen Anzahl kleine bronzene Zierbeile mit langer Dülle und irgend einer Tiergestalt auf dem Rücken. Die Helme, welche nicht oft vorkamen, haben breite horizontale Krämpe und zuweilen (wie Fig. 61) ein paar niedere Kämme, zwischen welchen der Helmbusch angebracht war. Außerdem gehörten zur Mannesrüstung verschiedene Panzerplatten, aber keine vollständigen Leibespanzer, und namentlich breite, mit reichgetriebenem Bronzeblech überzogene Ledergürtel. Nur ganz vereinzelt erscheinen aus Griechenland importierte korinthische Helme, Panzer und Beinschienen. In Hallstatt fand sich kein solches Stück.

Unter den Werkzeugen nehmen die Messer die erste Stelle ein. Sie sind schlank und zierlich geschweift, zumeist aus

Fig. 59. Palstab aus Bronze (Hallstatt). 1/3 n. Gr.

Fig. 60. Hohlcelt aus Eisen mit Schaftrest (Hallstatt). 1/3 n. Gr.

Eisen, klein, mit der Spitze abwärts gebogen, oder groß und schwer mit etwas aufgebogener Spitze (Haumesser Fig. 62). Allgemein getragen wurden Wetzsteine (Fig. 63); dann erscheinen hin und wieder eigentliche Handwerksgeräte, als Feilen, Ambosse und dgl. oder kleine Toilettegerätstücke.

Wir haben schon gesehen, daß Schmucksachen weit zahlreicher vorkommen, als Waffen und Werkzeuge. Diese Erscheinung charakterisiert fast alle prähistorischen Gräber. Am häufigsten sind außer den schon erwähnten reichverzierten Gürteln, die auch von Frauen getragen wurden, die Nadeln, Fibeln, Ringe und Gehänge. Viel davon ist einheimische Arbeit und auch der Form nach einheimische

Fig. 61. Bronzehelm (Watsch). ¼ n. Gr.

Erfindung. Frauen trugen einen aus einfachen Knopfnadeln gebildeten Kamm auf dem Hinterhaupte. Als Gewandnadeln dienten sehr zierliche mehrknöpfige, oft recht lange Spieße, deren Spitze in einem Vorstecker aus Bein oder Bronze verwahrt war. Kopf und Fuß einer solchen Nadel zeigt Figur 64.

Noch häufiger wurden hier wie im ganzen Gebiete der Hallstattkultur zum Zusammenhalten der Kleider Fibeln gebraucht, d. i. federnde Gewandhaften, die aus einem Bügel mit Nadelrast (Fuß) und einer Nadel mit einfacher oder mehrfacher Spiralschlinge (Kopf) bestehen, in älterer Zeit meist aus einem Stück gearbeitet sind und im Laufe der Entwicklung eine Menge verschiedener Formen angenommen haben. In Hallstatt erscheint am häufigsten eine Fibel,

Fig. 62. Eisenmesser vom Salzberge bei Hallstatt. 1/3 n. Gr.

Fig. 63. Schleifstein mit eisernem Bügel u. Ring v. Salzberge b. Hallstatt. 2/3 n. Gr.

Fig. 64. Mehrköpfige bronzene Gewandnadel m. Vorstecker (Hallstatt). 2/3 n. Gr.

8*

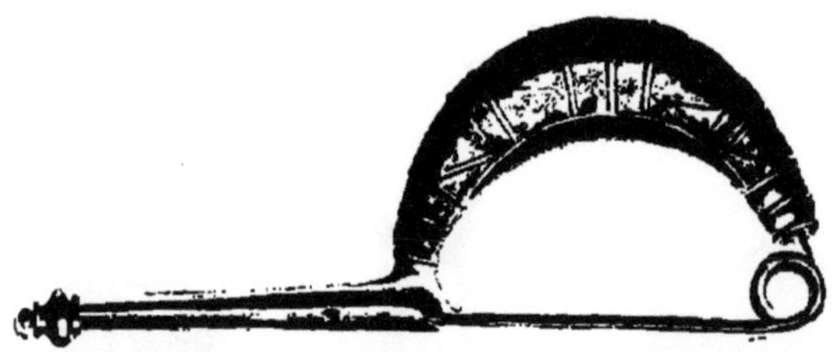

Fig. 65.   Gravierte Kahnfibel mit langem Fuß und Schlußknopf
(Bronze aus Watsch, Krain). ¹/₂ n. Gr.

deren Bügel in Form einer „Acht" aus 2 Drahtspiralscheiben zusammengesetzt ist, deren zentrale Enden einerseits die Nadel,
andererseits die Nadelrast bilden. Wir sehen
diese „Hallstätter Fibel"
in dem Brandgrab Fig. 55
neben dem Dolchgriffe
liegen.   Die anderen
Fibeln entsprechen mehr
der oben gegebenen Beschreibung. Aus der geradlinigen („fiebelbogenförmigen") Fibel der
Bronzezeit entwickelte
sich zunächst im Süden
unseres Kontinents die
halbkreisförmige Bogenfibel mit kurzem Fuß,
welche für die ältere
Hallstattstufe charakteristisch ist. Sie wird zunächst einfach aus gebogenem, etwas ausgehämmertem Draht in
Eisen oder Bronze hergestellt, später in Guß
vorwiegend aus Bronze

Fig. 66.   Gravierte Halbmondfibel mit Kettchen und Klapperblechen (Hallstatt). ¹/₂ n. Gr.

(im Süden auch aus Gold mit reicher Bügelverzierung) gebildet.
Das Stück Fig. 65 hat bereits einen kahnförmig ausgehöhlten,

mit Zickzacklinien gravierten Bügel und eine lange, durch einen Knopf geschlossene Nadelrinne. Solche Fibeln kommen schon in griechischen Gräbern des 7. Jahrhunderts auf Sizilien vor und finden sich als italische Einfuhrstücke nicht selten in den Alpenländern.

Fig. 66 zeigt dagegen noch treuer die alte Grundform, welche jedoch in etwas barbarischer Weise bereichert ist durch ein paar rohe Tierfiguren im Innern des Bügels, sowie durch eine sichelförmige Erweiterung desselben, welche im Tremolierstich graviert ist und am Rande eine Reihe von Kettchen mit Klapperblechen trägt. Diese und andere Bereicherungen der alten Urform scheinen dem Norden anzugehören, wo man selbständig an den Variationen der Fibel mitarbeitete, hauptsächlich aber doch Vorbilder südeuropäischen Ursprungs nachahmte. Die organische Entwicklung der Fibel führt aus der Bronze- und Hallstattzeit durch die La Tène - Stufe und selbst über die römische

Fig. 67.   Armring mit Knoten (Hallstatt).
¹/₂ n. Gr.

Zeit hinweg in die Periode der Völkerwanderung hinein und endet erst tief im Mittelalter.

Unter den eigentlichen Schmucksachen sind Ringe (namentlich Armringe, häufig geschmackvoll geknotet, aber etwas schwer, wie Fig. 67) und Anhängsel vorherrschend. Die letzteren, von den verschiedensten, oft abenteuerlichen Gestalten, werden fast überall angebracht, wo sie Platz finden und durch ihren Glanz und ihr Geklapper Wohlgefallen erregen. Auch benäht man die Kleider mit Bronzeschüppchen (anderwärts werden sie reihenweise sogar an die Tongefäße geklebt), zieht Drahtspiralrollen und Perlen auf Schnüre und behängt sich damit. Hier spielen Glasemailperlen, namentlich aber Perlen und dicke Ringe aus Bernstein, eine große Rolle. Mit Glas und Bernstein werden auch Fibelbügel und Nadeln bestecht; überhaupt ist jene Prunkliebe der Naturkinder, die mit Freuden ihre wertvollen Bodenprodukte dem „weißen Manne" für Glaskorallen und ähnlichen Tand hingeben, ein hervorstechender Charakterzug der Hallstattperiode, tritt dagegen in der La Tène-Stufe, wo das Selbstgefühl der Barbaren erwacht ist, gebührend zurück.

Der Verkehr mit dem vorgeschrittenen Süden brachte jedoch schon in sehr alter Zeit nicht nur Fibelformen und allerlei gleißenden

Fig. 68.   Bronzebecken mit graviertem Rande und Tierfigur als Henkel (Hallstatt). ¹/₃ n. Gr.

Tand, sondern auch Nietarbeiten aus dünnem Bronzeblech, das man insbesondere zur Anfertigung schöner Gefäße verwenden lernte. Die Abbildungen 68—72 zeigen uns einige solche Metallgefäße. In der älteren Hallstattstufe besaß man wohl meist nur solche importierte Gefäße, die mit getriebenen Kreisen und Tierfiguren verziert waren; erst in der jüngeren blühte die eigene Erzeugung. Von den gerippten zylindrischen Gefäßen ist die Form mit wenigen, weit auseinanderstehender Reifen (Fig. 70) eine ältere italische, während der enggerippte Typus (Fig. 72) bei den nördlicher wohnenden Stämmen zu Hause ist und bereits dem 5. Jahrhundert v. Chr. angehört.

Die Becken Fig. 68 und 71 geben uns auch Proben der einfachen, gradlinigen „geometrischen" Ornamente, die bei der Verzierung solcher Arbeiten üblich waren und mit dem Grabstichel ausgeführt sind. An der Cista Fig. 70 sind dagegen getriebene,

Fig. 69. Bronzevase, aus 4 Teilen zusammengesetzt (Hallstatt). ²/₆ n. Gr.

teilweise figurale Verzierungen. Im Treiben der Metalle war man sehr geschickt, kannte aber die Lötkunst noch nicht, weshalb die Verbindung bei mehrteiligen Gefäßen, wie Fig. 69, nur durch Falzen und Nieten der Bleche hergestellt ist.

Die Gießkunst blühte; wie wenig man es aber verstand, Figuren zu modellieren, das zeigt die Tiergestalt Fig. 73, ein Stier, dessen auffallend dicker Schwanz vielleicht als Rassenmerkmal, vielleicht aber auch nur als Zeugnis der Ungeschicklichkeit des Bildners aufzufassen ist.

Trifft man umfangreichere getriebene und gravierte figür-
liche Verzierungen auf Bronzegefäßen oder Bronzegürteln an,
was in den Alpenländern nicht ganz selten der Fall ist, so stammen
diese kostbaren Produkte wohl ausnahmslos aus Oberitalien, wo
in Nachbildung orientalisierender griechischer Bildwerke ein eigen-
tümlicher plumper, aber durch viele Übung gefestigter Stil bei der
Ausführung solcher Arbeiten herrschte. Wir geben ein Beispiel
davon in dem Bronzeeimer von Kuffarn in Niederösterreich (Fig. 74),

der aus einem Grabe
der Zeit des Über-
gangs von der Hall-
statt- zur La Tène-
Periode stammt. Dar-
gestellt ist auf dem-
selben ein Faustkampf
um einen Helmpreis,
ein Wettreiten, Wett-
fahren und eine Ge-
lageszene, also fest-
liche Vorgänge.

Die Töpferei
der Hallstattperiode
wetteifert nicht ganz
erfolglos mit der Ge-
fäßbildung in Bronze.
Sie erzeugt zu be-
sonderer Verwen-
dung (in Gräbern)

Fig. 70.   Weitgerippte Cista aus Bronzeblech
(Hallstatt).   ¹/₇ n. Gr.

bauchige, hochhalsige Urnen mit glänzendem Graphitanstrich,
große bombenförmige Vasen mit schmalem Hals und schwarzer,
„geometrischer" Verzierung auf rotem Grunde, Schüsseln und
Schalen mit schöner Innendekoration, wobei oft auch weiße Einlagen die reichen aufgemalten Muster beleben. Diese poly-
chrome Hallstattkeramik blüht nördlich der Alpen in Südwest-
und Süddeutschland, Österreich und Westungarn, und manche ihrer
Erzeugnisse sind von einem blendenden Reichtum der geometrischen
Muster und von satter Farbenschönheit. Zuweilen wird selbst dieses
nüchterne Handwerk phantastisch und bildet tierkopfförmige Ansätze
und Henkel oder Aufsätze, wie die Näpfchen und Vögelchen auf der
Schüssel Fig. 75 (aus einem Grabhügel bei Odenburg), in deren
Innerem noch eine zweiköpfige Tierfigur festgeklebt ist. Derlei kann

natürlich keinen praktischen Zweck gehabt haben, und die Gefäße
zu wirklichem Gebrauche sind auch stets einfacher und zweckmäßiger
geformt. Doch war diese ganze Periode hindurch die Drehscheibe
noch unbekannt; und nur in einzelnen Exemplaren erscheinen in der
jüngeren Hallstattstufe ganz anders geformte und verzierte gedrehte
Tongefäße als Einfuhrartikel aus südlichen Ländern, in welchen um

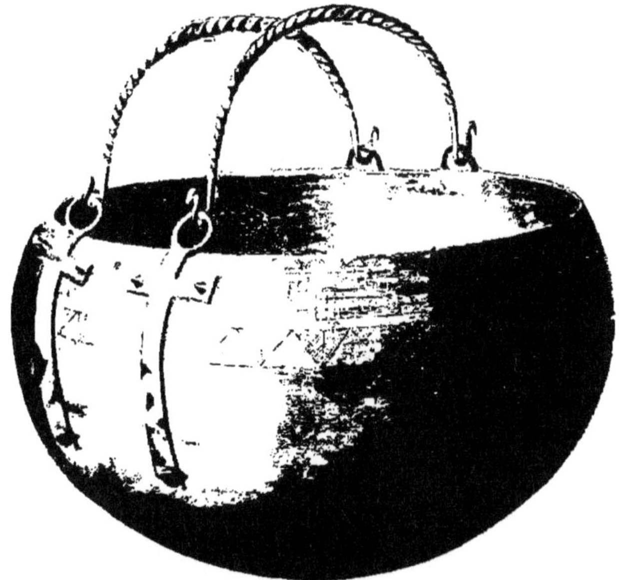

Fig. 71. Bronzebecken mit graviertem Rande und 2 gedrehten
Henkelreifen (Hallstatt). ¼ n. Gr.

diese Zeit die Hallstattperiode und mit ihr die ganze Vorgeschichte
bereits ihr Ende erreicht hat.

Als solche Einfuhrartikel aus dem Süden finden sich seit dem
7. Jahrhundert v. Chr. auch griechische Bronzen in Mitteleuropa,
und man unterscheidet hier ganz deutlich ältere Formen, die der
Zeit um 600 v. Chr., und jüngere, die der Zeit um 500 v. Chr. angehören. Dies ist natürlich von Wert für die Datierung der Kultur-

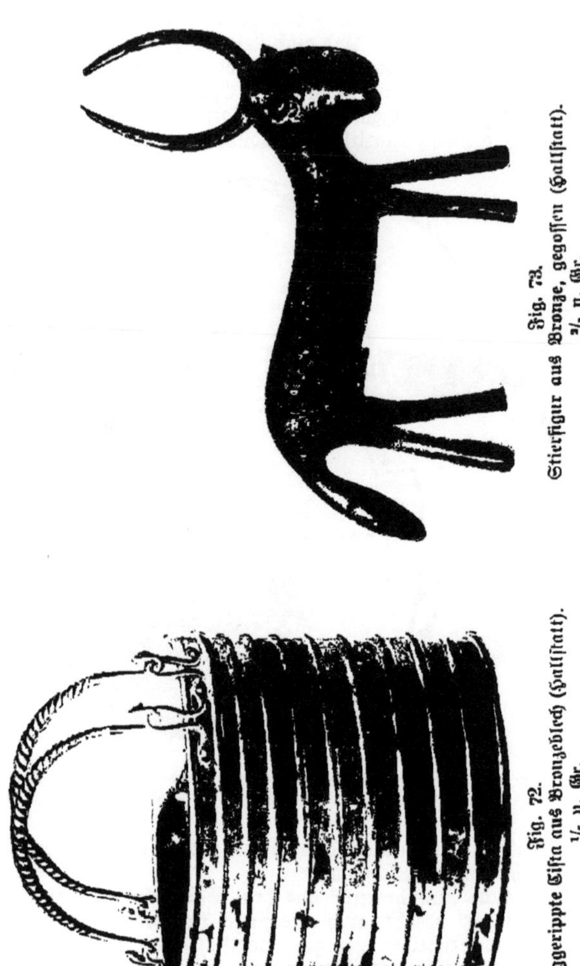

Fig. 73.
Stierfigur aus Bronze, gegossen (Hallstatt).
$^2/_3$ n. Gr.

Fig. 72.
Enggerippte Cista aus Bronzeblech (Hallstatt).
$^1/_6$ n. Gr.

schichten, in welchen solche Bronzen gefunden werden. Diese sind Kannen, Amphoren, Hydrien, Dreifüße, Becken, Teller, im Osten auch Teile der „ionischen Hoplitie": Panzer, Beinschienen, korinthische Helme. All das gibt sich neben den ein= heimischen Arbeiten so= fort als fremdes Pro= dukt zu erkennen und findet auch wenig oder gar keine Nachahmung im einheimischen Hand= werk.

Die jüngere Stufe der Hallstattperiode war eine Zeit gestei= gerter Einfuhr aus dem Süden und überhaupt gesteigerten Verkehrs. Ursprünglich dem Sü= den und unserer Hei= mat gemeinsam, hat die Hallstattkultur in der letzteren länger ge= dauert, aber dabei von südlichen Einflüssen ge= zehrt. In der jüngeren Hallstattperiode, etwa von 600 v. Chr. ab, be= ginnt die maßgebende Stellung Italiens und überhaupt des Südens gegenüber dem mitt= leren Europa. Der Reichtum einzelner Gegenden an vielbe= gehrten Bodenschätzen

Fig. 74.
Bronzeeimer mit Bildfries aus Kuffarn
(Niederösterreich).
¼ n. Gr.

(Salz, Gold), die Fruchtbarkeit anderer Gebiete an Vieh und Feld= früchten und nicht zuletzt die Verbindung mittelst der Handelswege durch die Alpentäler hat jene Einflüsse herangelockt und jenen mannigfaltigen Besitz zusammengebracht, den wir jetzt aus den Gräbern ihrer verschollenen Eigentümer zutage fördern.

Der Fundort Hallstatt gehört einer ausgedehnten mittleren Zone des Bereiches der nach ihm benannten Kultur an. Dieser Hauptgürtel der ersten Eisenzeit im Norden der Mittelmeerwelt reicht vom westlichen Ungarn bis über Ostfrankreich hinweg und umfaßt sowohl den Nordabhang der Alpen, als auch den Süden der Sudetenländer, Süd- und Westdeutschland. Zwei andere Gruppen mit teilweise anderen Formen, zumal der Keramik, liegen südöstlich und nordöstlich von diesem

Fig. 75.
Tonschüssel mit flachen und plastischen Verzierungen aus Ödenburg (Ungarn). ¹/₇ n. Gr.

Gürtel, die erstere, welche zum Teil noch mehr von Oberitalien beeinflußt erscheint, an den Südabhängen der Ostalpen, im adriatischen Küstengebiet und im dinarischen Bergland, die letztere, durch einen besonderen Stil der Gefäßmalerei ausgezeichnet, in der Oberpfalz, Nordböhmen und Nordmähren, Schlesien (vgl. Fig. 76 und 77) und Posen. In der letzteren nennt man die Hallstattzeit auch die „schlesische Stufe" der Urnenfelder zur Unterscheidung von der vorhergehenden, noch bronzezeitlichen „Lausitzer Stufe". Innerhalb jeder dieser Gruppen lassen sich wieder ältere und jüngere

Stufen unterscheiden. Auch zerfallen die Gruppen selbst in Untergruppen, die durch bestimmte, in anderen Untergruppen fehlende oder seltener auftretende Formen gekennzeichnet sind.

Fig. 76. Bemalte Keramik aus hallstättischen Urnenfeldern Schlesiens. (Nach M. Zimmer.)

Der mitteleuropäische Hallstattkulturkreis erfuhr Befruchtung aus dem Süden und übte seinerseits befruchtende Wirkung auf den Norden unseres Kontinents. Im Osten stand ihm die sogenannte skythische oder ural-altaische Bronzezeitkultur, ein Gewächs asiatischen Ursprungs, fremd gegenüber und hemmte seine Ausbreitung schon in Ungarn und Polen. Aber nicht von dieser oder von einer der beiden anderen Seiten

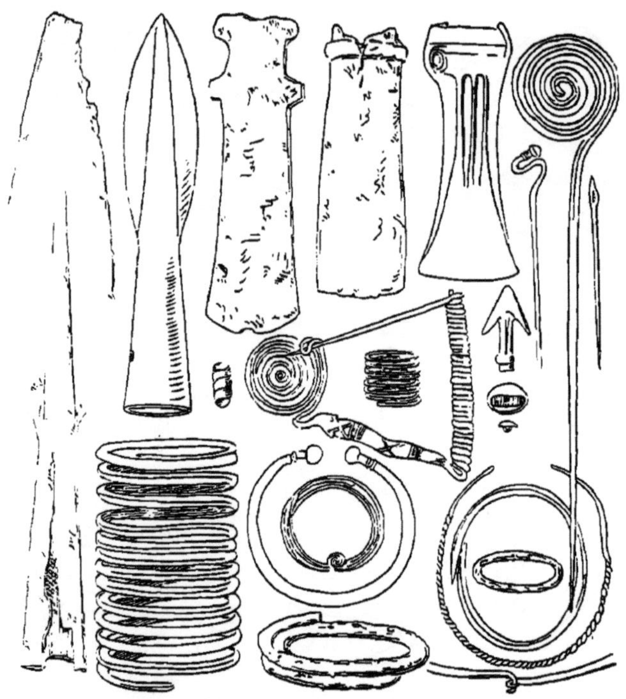

Fig. 77. Metallene Waffen und Schmucksachen aus dem hallstättischen Leichenfelde von Adamowitz, Kr. Gr.-Strehlitz, Schlesien. (Nach O. Wilpert.)

kamen die neuen Kräfte, die seinen doch ziemlich eintönigen Formen ein Ende bereiteten, sondern vom Westen, aus dem Gebiet der Kelten. In manchen, namentlich westlichen Gegenden bricht die Herrschaft des Hallstätter Formenkreises

ganz plötzlich ab, und an seiner Stelle erscheinen unvermittelt
die Typen der Früh=La Tène-Kultur. In anderen Ländern,
so in den Ostalpen, ist es erst eine vorgeschrittene Stufe der
letzteren Kultur, die das Hallstättische ablöst oder sich mit ihm
zu einem gemischten Formenkreis vereinigt. Noch weiter süd=
östlich herrscht bis in die römische Kaiserzeit hinein ein buntes
Gemenge späthallstättischer und später La Tène-Formen.
denen sich bald auch Römisches zugesellt.

4. Die letzten vorgeschichtlichen Zeiten bis um Chr. Geb.
(La Tène-Periode.)

Durch die Ausscheidung großer Menschengruppen aus dem
Kreise der prähistorischen Kultur und durch den Eintritt der=
selben in geschichtliche Bahnen verengt sich immer mehr das
Gebiet der jüngeren vorgeschichtlichen Stufen, deren Spuren
wir in unserer Heimat antreffen, und deren Ausdehnung wir
zu erforschen streben. So hat in gewissem Sinne die ganze
Erde eine Steinzeit erlebt; auch die Bronzezeit finden wir
noch auf weiten Gebieten der alten und der neuen Welt herr=
schend. Aber schon für die Hallstattstufe müssen wir uns auf
Europa beschränken, und bezüglich der nun folgenden La Tène-
Stufe müssen wir selbst von Griechenland und Italien mit
Ausnahme der Po=Ebene absehen. Dafür hat diese Kultur
sich Nordeuropa erobert, wohin die Hallstattkultur nicht oder
nur in schwachen Ausläufern gedrungen ist.

Wir haben in früheren Abschnitten gesehen, wie den
westlichen Völkern Europas eine lange Ruhezeit vergönnt
war. Sie haben durch Einflüsse von Osten und Süden her
neue Lebensformen kennen gelernt und alle Wandlungen
mitgemacht, welche seit der jüngeren Steinzeit die Kultur der
prähistorischen Bewohner des Kontinents betroffen haben.
Selbsttätig aber haben sie an der Entwicklung nur wenig

mitgearbeitet. Ihrer Weltstellung nach konnten sie weder zuerst orientalische Einwirkungen erfahren, noch die Früchte derselben weiter nach Westen verbreiten.

Allein diese lange Ruhe gab dem keltischen Stamme die Kraft, spät zwar, aber in nachdrücklicher Weise mit jener eigenartigen Kulturschöpfung hervorzutreten, welche den letzten Jahrhunderten vor der Eroberung Galliens und der Alpenländer durch die Römer ihren Stempel aufgedrückt hat. Die La Tène-Kultur, welche vom 5. Jahrhundert an allmählich in Europa mit Ausnahme der altklassischen Gebiete zur Herrschaft gelangt, ist die Kultur der Kelten, wie sie sich zu jener Zeit gestaltete, als dieser hochbegabte nordische Stamm, mächtig an Volkszahl, kühnen Geistes, vorgeschritten in der Kenntnis der Metalle, im Besitz zahlreicher technischer und anderer Hilfsmittel, weite Gebiete unseres Erdteils sich unterwarf. Oberitalien, der Rhein, die Donauländer und die ganze Alpenzone samt einem Teil der Balkanhalbinsel wurden eine Beute keltischer Heerhaufen, die überall ihre Könige und ihren Adel als Herrscher einsetzten. Ja, bis nach Kleinasien hinüber fluteten die „galatischen“ Scharen der Trokmer, Tektosagen, und Tolistobojer und gründeten dort mitten unter Griechen und hellenisierten Asiaten ein barbarisches Reich.

Wie schon die Hallstattkultur bei genauerer Prüfung in verschiedene Elemente auseinandergeht, unter welchen man Spuren der Bronzezeit, unmittelbare Gaben des Orients, eigene Zutaten und zuletzt die Einflüsse der etruskischen Eroberung Norditaliens erkennt, so weist auch die La Tène-Kultur verschiedene Wurzeln auf. Griechische (altionische), orientalische (karthagische) und italische (etruskische) Einflüsse scheinen bei ihrer Entstehung mitgewirkt zu haben; außerdem sind Überlieferungen aus der Hallstattzeit in derselben unverkennbar und auch ganz selbstverständlich. Die griechische Kolonie Massalia unfern der Rhonemündung war wohl die

Hauptstelle, von welcher höhere mittelländische Kultur den Barbaren im Hinterlande zugetragen wurde. Rhone und Rhein bildeten die Hauptlinien, auf welchen dieses neue Element sich Bahn brechen konnte. Von solchem Verkehr zeugt besonders der reiche Inhalt fürstlicher Grabhügel in Süd- und Westdeutschland seit dem Jahre 500 v. Chr. Das 5. Jahrhundert bildet im Westen (nicht aber im Osten) eine Art Vorstufe der La Tène-Periode. Diese selbst gliedert man in drei Stufen, nämlich: 1. eine Früh-La Tène-Zeit (ca. 400—300 v. Chr.), 2. eine Mittel-La Tène-Zeit (ca. 300—100 v. Chr.), 3. eine Spät-La Tène-Zeit (ca. 100 v. Chr. bis um Chr. Geb.). Die Hauptsache ist und bleibt der jüngere Ursprung dieser Kulturrichtung; denn sie ist maßgebend für den sozusagen „modernen" Charakter derselben, wodurch sie den ihr gebührenden Platz im regelrechten Verlauf der Entwicklung der europäischen Menschheit einnimmt. Die Geschichtschreibung berichtet kaum in einigen abgerissenen Nachrichten davon; aber die vorgeschichtliche Forschung führt uns mit Sicherheit auf die Tatsache, daß um die Zeit der Hellenisierung des Orients und der ersten Ausbreitung der römischen Weltmacht bei den Nordvölkern Europas eine Kulturphase eingetreten war, welche als würdige Vorstufe zu der römischen Provinzialkultur angesehen werden muß. Ja, die römische Provinzialkultur in den Rhein- und Donauländern ist zum guten Teile aus dem Schoße der La Tène-Kultur hervorgeblüht und erscheint in mehr als einer Beziehung als bloße Fortsetzung der letzteren.

Die La Tène-Kultur hat ihren Namen, wie die Hallstatt-kultur, von einem berühmten Fundorte. La Tène (d. i. die Untiefe) heißt eine Stelle beim Dorfe Marin am Nordende des Neuenburger Sees in der Schweiz, wo in den Ruinen eines blockhausförmigen Inselkastells Massen von eisernen Waffen, Werkzeugen, Gefäßen, Schmucksachen gefunden worden sind, die sich ebenso von den hallstättischen, wie von den römischen unterscheiden. Innerhalb der La Tène-Periode gehören sie einem mittleren und späteren Zeitraume an. Hier gibt es keine bronzenen Schwerter, Beile, Lanzenspitzen mehr. Die 100 fast meterlangen Schwerter sind sämtlich von Eisen, von oben bis gegen die Spitze gleich breit, zweischnei- dig, mit bloßer Griffangel ohne kunstvoll gebildeten und ver- zierten Knauf. Die Scheiden dieser Schwerter bestanden aus je zwei Eisen= oder Bronzeplatten. Die Formen der Lanzen- spitzen sind neu entweder durch die Breite des Blattes oder durch die Länge des Stieles bei kleinem Blatte; letztere Spitzen stammen von Wurflanzen, die dem römischen Pilum ähnlich waren. Pfeilspitzen sind selten, Dolche fehlen ganz. Dolch und Pfeil sind ja in gewisser Hinsicht unheroische Waffen, die von den mannhaften Kelten verschmäht wurden. Dagegen trugen sie lange, krumme Haumesser, große, eisenbeschlagene Schilde, eiserne oder bronzene Schwertketten und offene Halsringe, die bei den Vornehmen oder ausgezeichneten Kämpfern von Gold waren und stets an ihren stempelförmigen Enden kenntlich sind. Ihre Helme, welche seltener vorkommen, als in der Hallstattzeit, haben auch andere Formen, als die hall- stättischen, sind oben häufig spitzig, mit einem Knauf geziert und mit kleinem Nackenschirm und Backenklappen ausgestattet (vgl. Fig. 78). Nicht ganz selten findet man in keltischen Grä- bern und anderen Fundstellen dieser Zeit (auch La Tène selbst gehört dazu) Reste der Streitwagen, mit welchen die Gallier in den Kampf zogen, sowie des reichen Pferdegeschirrs, dessen sie sich bedienten.

Aber nicht nur die keltischen Waffen, deren Wucht die Römer in zahllosen verlustreichen Schlachten kennen gelernt haben, sind achtunggebietende Zeugnisse dieser Kulturstufe: auch das keltische Werkzeug und Geräte verdient alle Achtung. Diese Messer, Scheren, Sicheln, Sensen, Hauen,

Harken, Beile (vgl. Fig. 79 und 80), Pflugscharen sind zum
Teil ganz neue Dinge, zum Teil nach alten Vorbildern ge-

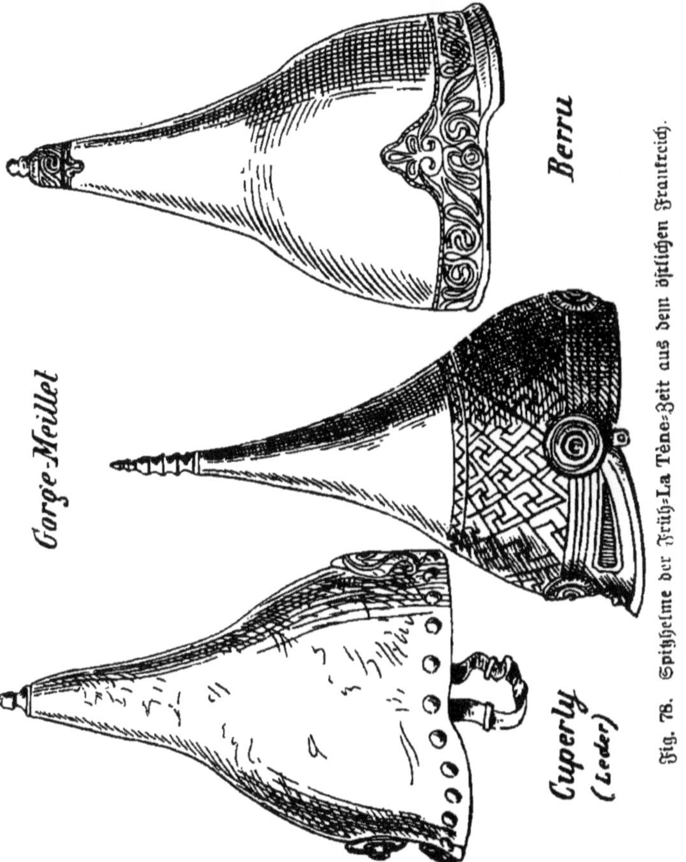

Fig. 78. Spitzhelme der Früh=La Tène=Zeit aus dem östlichen Frankreich.

formt, aber das durchgehende Prinzip der Bildung ist das
der nüchternen Brauchbarkeit. Die Eisensachen sind unver-

ziert, aber gut und solid gearbeitet; daß sie in Fabriken hergestellt wurden, beweisen die Stempel. Außerdem hatte man an neuen Dingen die Töpferscheibe und den Töpferbrennofen, die rotierende Getreidemühle, gemünztes Gold und Silber (Nachahmungen massaliotischer und makedonischer Prägungen, deren Profilköpfe und Reversbilder anfangs noch ziemlich treu wiedergegeben, später aber in Systeme ornamentaler Linien aufgelöst werden) und allerdings auch die früher unbekannten Spielwürfel und dominoartigen Spielsteine. In der Herstellung der Bronzegefäße ist teilweise ein Rückgang zu verzeichnen.

Im Körperschmuck herrscht größeres Maß, als in der Hallstattzeit bei den reichen und vornehmen Leuten beliebt war. Im Schmuck der Waffen und Geräte

Fig. 79. Eisenbeil mit Holzschaft (La Tène). 1/6 n. Gr.

Fig. 80. Eiserne Axt (Krain). 1/3 n. Gr.

findet sich jetzt das nach klassischen Mustern gebildete, stilisierte Pflanzen- und Tierornament, häufig auch Menschenköpfe,

Menschenmasken, oft in roher barbarischer Ausführung, die den fremden Ursprung der Motive erkennen läßt. Zierformen, die das Organische zurücktreten lassen, wie z. B. durchbrochene Metallbeschläge, machen dagegen eine durchaus erfreuliche Wirkung und zeigen die Richtung an, in der sich der nordische Kunstgeschmack fortan am gefälligsten ausspricht. Neu sind in der älteren La Tène-Zeit die mit aufgelegten Korallen verzierten Gegenstände (Helme, Fibeln, Ringschmuck usw.), in der jüngeren La Tène-Zeit die mit rotem Schmelz („Blutglas") eingelegten Arbeiten. Aus England und Frankreich, wo sich die Hauptstätten der keltischen Emailkunst befanden, — eine derselben ist auf dem Mont Beuvray bei Autun, dem alten Bibrakte der gallischen Häduer, nachgewiesen — kennen wir mit Blutglas verzierte bronzene Schilde, Fibeln, Halsringe, Helme, Sporen, Schwertscheiden, Pferdegebisse, Gürtelhaken u. a. Gegen das Ende der La Tène-Zeit hin blühte das keltische Handwerk in wohlbefestigten Städten mit regem Marktverkehr und großem Reichtum an Waren des In- und Auslandes. Diese Siedlungen, deren Namen uns von dem Eroberer Galliens, Julius Cäsar, überliefert sind, bekunden einen gewaltigen Fortschritt gegenüber den Pfahlbauten der Stein- und Bronzezeit. Sie sind aber nicht auf Gallien beschränkt, sondern finden sich auch in Mitteldeutschland (Gleichberg bei Römhild) und Böhmen (Hradischt bei Stradonitz).

Einige Abbildungen von Funden aus La Tène (Fig. 81—83) mögen den einfach praktischen Charakter der Eisenarbeiten dieser Zeit veranschaulichen. Andere Scheren als Fig. 82 besaß man noch nicht, und selbst diese Form ist für Mitteleuropa neu. Die La Tène-Fibel löst das alte Problem der ausgehenden Nadelrinne, im Anschluß an späthallstättische Formen, durch ein zurückgebogenes, anfangs freies, dann — wie in Fig. 83 — mit dem Bügel verbundenes und zuletzt rahmenförmig mit diesem verschmolzenes Schlußstück und hat außerdem, am entgegengesetzten Ende, mehrfache zu beiden Seiten des letzteren liegende Windungen des federnden „Kopfes". Ihre jüngsten Formen gehen fast unmerklich in die des provinzialrömischen Handwerks über, dessen Arbeiten auch sonst vielfach engen Anschluß an die Erzeugnisse der Spät = La Tène = Zeit verraten. Überhaupt hat diese in mancher Beziehung die Grundlagen für die ganze spätere, frühgeschichtliche Entwicklung der Nordvölker Europas geschaffen und deren Charakter im Zeitalter ihres Eintritts in die Geschichte zuerst kraftvoll zum Ausdruck gebracht. Alles Ältere möchte man doch mehr „anthropologisch", d. h. im Sinne allgemeiner menschlicher Kulturentwicklung, bewerten, hier aber die Geistesart einer bestimmten und wohlbekannten Völkergruppe kunstgeschichtlich fast ebenso scharf ausgeprägt finden, wie die der Südvölker in der Hinterlassenschaft des klassischen Altertums.

Proben der figuralen Zeichnung der Früh = La Tène-Zeit und der figuralen Plastik der Spät = La Tène-Zeit geben Fig. 84 und 85. Aber das sind seltene Gegenstände, und in naturgetreuer Darstellung des Lebendigen haben es die Nordvölker noch viele Jahrhunderte später nicht weiter gebracht. Dagegen schwelgten sie in der ornamentalen Auflösung und Stilisierung der organischen Form, die noch in der spätrömischen und frühmittelalterlichen Kunst des Nordens eine beherrschende Rolle spielt. Sie übernehmen auch hier keineswegs ganz das Erbe der Antike, sowenig als die Griechen die ganze Erbschaft der spätmykenischen Kultur

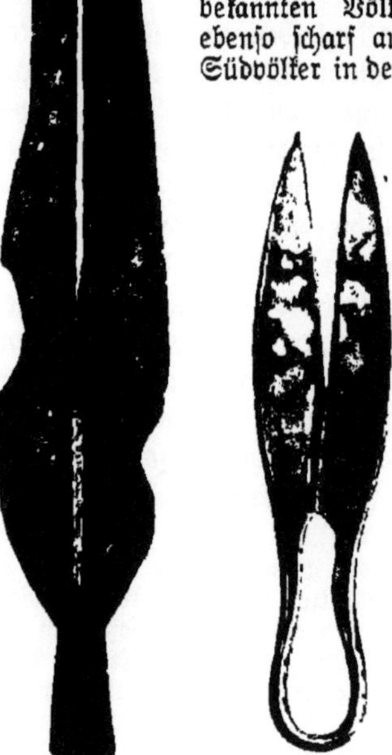

Fig. 81.
Eiserne Lanzenspitze aus La Tène, Schweiz. 1/3 n. Gr.

Fig. 82.
Eiserne Schere aus La Tène, Schweiz. 1/4 n. Gr.

übernommen haben. Aber ohne jenes Erbe wäre die Erneuerung des nordischen Kunststils in der La Tène-Zeit ganz unmöglich gewesen. Man kann sich die Mittelmeerwelt aus der vorgeschicht=

Fig. 83.
Eiserne Fibel aus
La Tène, Schweiz.
$^1/_3$ n. Gr.

Fig. 84.
Eisenschwert
mit gravierter
Bronze=
scheide aus
Hallstatt.
$^1/_9$ n. Gr.

Fig. 85.
Bronzene Kriegerfigur aus
Idria bei Bača (österr.
Küstenland).
$^3/_4$ n. Gr.

lichen Entwicklung Europas überhaupt nicht wegdenken, aber doch noch am ehesten aus der älteren Steinzeit, am wenigsten aus der späteren Eisenzeit.

5. Die alten Völker Europas.

Für die ältesten und die mittleren Zeiten der menschlichen Urgeschichte kann man — wofern es sich nicht um rückständige rezente Gruppen handelt — noch nicht von den kulturwissenschaftlichen oder historischen Einheiten, die wir Völker nennen, sondern nur von den naturwissenschaftlichen oder anthropologischen Gruppen, die man als Rassen oder Typen der Menschheit bezeichnet, sprechen. In diesem Sinne haben wir am Schlusse des ersten Teiles dieser Darstellung die Leibesreste des diluvialen Menschen und am Schlusse des zweiten Teiles derselben die nachdiluvialen Menschenrassen hauptsächlich in Europa umrißweise behandelt. In dem letzteren Abschnitt wurde auch der hohe Grad von Beharrlichkeit betont, der die Menschenrassen schon in sehr früher Zeit zu Dauertypen stempelt. Mit der rein körperlichen Seite der Gliederung der Menschheit brauchen wir uns daher nicht weiter abzugeben.

Dagegen tritt in den jüngeren Zeiten der Urgeschichte die Gliederung der Menschheit in Völker, d. h. in kulturell geeinigte Gruppen vorwiegend gleicher Abstammung, Sitte und Sprache, nach und nach, mit sehr verschiedenen Graden von Deutlichkeit, zuerst in Erscheinung. Freilich fehlt auch hier noch unendlich viel zur Aufstellung völlig sicherer Völkertafeln der Bronze-, der ersten und der zweiten Eisenzeit. Um nur ein Beispiel anzuführen: wir kennen weder die Sprache, noch die Herkunft des im minoischen Zeitalter auf Kreta herrschenden Stammes. Wir wissen nicht, ob wir es da mit einer oder, wie es wahrscheinlicher ist, mit mehreren, teils nach- teils nebeneinander die Insel bewohnenden Völkerschaften zu tun haben. Der ägyptische Name (Keftiu) bezeichnet nur eben die Bewohner Kretas, nichts weiter. Wir wissen nicht einmal, ob es zu einer archäologisch bestimmten Frist auf Kreta nur einen oder etwa zwei mächtige Fürsten (in Knossos und Phästos) gegeben, und wieweit deren Machtsphären gereicht haben. Dasselbe oder noch größeres Dunkel liegt in dieser Hinsicht über dem Norden und dem Westen; ganz zu geschweigen von anderen Erdteilen mit einziger Ausnahme des nahen Morgenlandes und etwa noch Ostasiens. Nur auf dem Wege sonst begründeter Vermutungen lassen sich, hauptsächlich durch Rückschlüsse aus noch späteren, schon frühgeschichtlichen Zeiten, einige Anhaltspunkte für die Paläoethnographie Europas gewinnen. Wenn man nicht fürchten müßte, mißverstanden zu werden, möchte man sagen: die Vorgeschichte der Menschheit gehört den Rassen, die Geschichte der Völkern an. Die Völker sind die durch Kultursteigerung entstandenen eigenartigen Gruppen, aus denen, als höchste Blüten der Menschheit, die Persönlichkeiten hervorgehen. Die ganze Vorgeschichte kennt noch keine Persönlichkeit, nicht einmal den Namen einer solchen.

Wo uns sichere Personennamen begegnen, da kennen wir auch die Völker; da sind wir auf dem Boden der Geschichte. So in Ägypten zur Zeit des Menes, in Babylonien zu den Zeiten des Sargon und Naramsin. Die Namen der homerischen Helden, auch der des Minos, sind keine sicheren Personennamen. Germanische und keltische Orts-, Stammes- und Personennamen erfahren wir erst aus den letzten Jahrhunderten v. Chr. Weiter hinauf reichen südeuropäische Völkernamen; aber ihre Bedeutung, der Bereich ihrer Geltung in Raum und Zeit, sind oft sehr dunkel, am dunkelsten die Fragen nach der Herkunft und Abstammung dieser oft genannten Gruppen.

Gewöhnlich unterscheidet man, nach der Zugehörigkeit zu einer durch Sprachverwandtschaft verbundenen Völkergesellschaft im Westen der alten Welt, Indogermanen und Nichtindogermanen, und gern wird der nordeuropäische oder „teutonische" Typus (s. oben S. 86 ff.) für indogermanisch, der mittelländische für nichtindogermanisch angesehen. Aber der erstere war nicht der einzige (höchstens der erste) Besitzer einer indogermanischen Zunge, und auch die südeuropäischen Vertreter des

mittelländischen Typus reden in geschichtlicher Zeit indogerma=
nische Sprachen. Doch scheint es, daß diese letzteren in vielen
Gebieten erst spät zur Herrschaft oder Vorherrschaft gelangt sind,
und daß indogermanische Einwanderer aus dem Norden ältere,
sprachfremde Urbewohner aufgesaugt oder in abgelegene Teil=
gebiete verdrängt haben. So saßen einst auf der Pyrenäen=
halbinsel und in Südfrankreich bis zur Garonne und Rhone
Iberer, wahrscheinlich die Vorfahren der heutigen Basken.
Im Westalpenland vom Rhone bis zum oberen Po und zum
Arno (nach Avienus im 6. Jahrhundert auch in Frankreich
bis zur Bretagne) wohnten die Ligurer. Schottland war von
dem vorkeltischen Urstamme der Pikten eingenommen. Aus
Mittel= und Unteritalien hören wir von Sikanern und Si=
kulern, die sich später auf Sizilien beschränken mußten. Aus
Mittelgriechenland und dem Peloponnes wird von Karern
und Lelegern berichtet, die aus Kleinasien stammen sollten
und den homerischen Achäern ebenso vorangingen, wie
diese den geschichtlichen Hellenenstämmen der Jonier,
Dorier, Äolier. Es liegt wohl nur an der mangelhaften Über=
lieferung, daß uns nicht auch aus Mittel= und Osteuropa ähn=
liche dunkle Nachrichten über vorindogermanische Urvölker
erhalten sind. Hier würden sie sich vermutlich auf Angehörige
des sogenannten „alpinen Stammes" der Anthropologen
(s. oben S. 86 f.) beziehen und vielleicht manches dazu beitragen,
uns die sprachliche und leibliche Sondergestaltung zu erklären,
in der uns die Hauptgruppen der europäischen Nordvölker:
Kelten, Germanen und Slawen, geschichtlich entgegentreten.

In geschichtlicher Zeit ist die Vorherrschaft oder Allein=
herrschaft indogermanischer Stämme in allen europäischen
Ländern unbestritten und reicht noch weit über unseren Kon=
tinent hinaus bis nach Iran und Indien. Indogermanen sind
die historischen Griechen und Italiker, Thraker und Illyrier.
Gegen das Ende der Bronzezeit und am Beginn der ersten

Eisenzeit zeigt sich eine lebhafte Bewegung innerhalb aller Gruppen dieser Sprachfamilie, ein Vordringen und Erfüllen der Länderräume, als ob es gälte, eine uralte, längst eingebüßte Einheit in größerem Umfang wieder herzustellen. Die iranischen Skythen und Sarmaten dringen vom Oxus und Jaxartes durch die nordkaspische Steppe nach Südrußland und an die Donau vor. Sie verbreiten die Kultur der ural-altaischen Bronzezeit bis nach Ungarn und Polen. Die thrakischen Phryger setzen sich in Kleinasien, die Griechen an allen Küsten des Ägäischen Meeres fest und klopfen, als „Javan", „Danan" usw. an die Grenze des Nillandes. Die italischen Stämme lagern sich im Apennin und an der Westküste, Illyrier an der Ostküste der mittleren Halbinsel. Die Kelten besetzen Frankreich und breiten sich allmählich über England, Spanien und Oberitalien aus. Manche dieser Bewegungen mag schon viel früher begonnen haben, andere sind gewiß späteren Datums. Das erste sichere Zeichen einer germanischen Weitwanderung gibt uns das Auftreten der Bastarnen am Pontus um 200 v. Chr. Aber schon vorher sind die keltischen Galater bis in das Herz Kleinasiens vorgedrungen (s. oben S. 128).

Die Ursitze der indogermanischen Stämme sind unbekannt; doch werden sie jetzt seltener, als früher, in Asien, häufiger in Nord- oder Mitteleuropa gesucht. Ihre erste Ausbreitung über jenes unbekannte Gebiet, wo sie in ungetrennter Einheit, aber nicht als ein Stamm, sondern als Gruppe naheverwandter Stämme beisammen saßen, erfolgte wohl schon gegen das Ende der mittleren Zeiten der Urgeschichte, spätestens etwa um 2500 v. Chr., also in der ausgehenden jüngeren Steinzeit oder am Beginne der Kupferzeit. Zunächst entstanden zwei Völkergruppen, die der „Kentumvölker" oder Westindogermanen (Griechen, Italiker, Kelten, Germanen und wahrscheinlich Illyrier) und die der „Satemvölker" oder Ostindogermanen (Inder, Iranier, Lettoslawen, Thraker — einschließlich der Phryger und Armenier — und Albanesen). Ostindogermanische Fürsten- und Götternamen erscheinen in Mesopotamien und Syrien schon im 15. und 16. Jahrhundert v. Chr. Voraus, also etwa zwischen 2500 und 1600, liegt die Zeit der ostindogermanischen Einheit, deren Herleitung aus Nordeuropa eine Hauptschwierigkeit für die Annahme der indogermanischen Ursitze im letzteren Gebiete bildet. Denn die Vorfahren dieser Gruppe müßten von der Ostsee durch Südrußland bis nach Baktrien, zum Hindukusch und Himalaja gewandert sein. Nur auf die Inder und die Iranier sollte man den Ausdruck Arier anwenden, mit dem sich diese Völker im Veda und im Avesta selbst bezeichnen. Wenn die Indogermanen die Sitte des Leichenbrandes in Europa zur Herrschaft gebracht haben sollten, wäre ihre Ausbreitung über diesen Kontinent ebenfalls um die Mitte des 2. Jahrtausends v. Chr. erfolgt. Allein die Leichenverbrennung ist schon in der jüngeren Steinzeit keineswegs ganz selten und in Nordeuropa keineswegs älter, als in anderen Ländern; nur für Südeuropa scheint sie aus dem Norden zu stammen, und dort hat sie überhaupt nie ganz durchgegriffen. Immerhin werden wir einen großen Teil der nord- und mitteleuropäischen Altertümer der mittleren und der jüngeren urgeschichtlichen Zeiten indogermanischen Stämmen zuschreiben dürfen. Wir besitzen aber auch noch eine andere Quelle zur Wiederherstellung des Bildes altindogermanischer Kultur, nämlich die Zeugnisse der vergleichenden Sprachwissenschaft. Durch sie lernen wir aus den verschiedenen indogermanischen Sprachen gemeinsamen Worten den ältesten Zustand dieser Völkergruppe kennen.

Nach jenen Zeugnissen besaßen die Indogermanen schon vor dem Anbruch der jüngeren urgeschichtlichen Zeiten, in die ihre Zerstreuung hauptsächlich fällt, Herden von Rindern, Schafen Schweinen und Ziegen, die von Hunden behütet wurden. Als Weideflächen benützte man die offenen Flußtäler. Im dichten Wald, der ringsum die Landschaft bedeckte, sammelte man Wildfrüchte und jagte den Hirsch, den Eber und den wilden Stier, deren Fleisch man genoß, und in deren Felle man sich kleidete. Waffen und Werkzeuge verfertigte man aus Steinen, Knochen und Geweihen. Mit Knochennadeln und Stiersehnen wurde das Leder zusammengenäht. Lederriemen dienten zum Anschirren der Zugtiere, ein Geflecht aus Weidenruten, mit Leder überzogen, als Schild. Aus Eibenholz schnitzte man den Jagdbogen, aus Eschenholz den Speerschaft. Mit Feuer und mit Hieben der steinernen Axt fällte man die Riesenbäume des Urwaldes und höhlte sie zu Kähnen („Einbäumen") aus, um Flüsse und Seen zu befahren. Frühzeitig war der Räderwagen, auf dem bei Wanderungen der „fahrende" Besitz mitgeführt wurde, und wahrscheinlich auch der (räderlose) Pflug Gemeingut aller arischen Stämme. Aus Schafwolle wußte man Decken, Tücher und Mützen, aus Baumbast Stricke, Matten, Gewandstoffe, Jagd- und Fischernetze herzustellen.

Der Hauptbesitz dieser Naturstämme, ihr Viehstand, war durch die Raubtiere der Wälder und durch die Unbilden des Winters schweren Gefahren ausgesetzt. Noch dachte man nicht daran, Stallungen und Heuvorräte anzulegen. Durch diese schlechte Behandlung erklärte sich die Minderwertigkeit der ältesten Haustierrassen. Das Vieh vertrat auch die Stelle des Geldes als Zahlungsmittel. — Als Wohnräume der Menschen dienten Hütten aus Holzpfählen, Reisig und Stroh. Der Weinbau war unbekannt.

Im Kriege waren unsere indogermanischen Ahnen wild und blutdürstig. Noch die Cimbern, ja selbst die Germanen des Tacitus schlachteten ihre Gefangenen oder verstümmelten sie, um ihnen die Flucht zu erschweren, wenn sie dieselben als Sklaven halten wollten. Greise und unheilbare Kranke gingen freiwillig in den Tod. Die Religion heischte Menschen- und Tieropfer als Sühne für begangene Sünden oder beim Tod von Häuptlingen. Dabei herrschte in der Ehe die Form des Frauenraubes, und bei der Geburt eines Kindes entschied der Vater darüber, ob dasselbe aufzuziehen oder auszusetzen sei. Die urwüchsigen staatlichen Formen weisen noch deutlich auf ihre Wurzel, den einfachen Familienzusammenhang, zurück. Künstliche Narben (Tätowierungen) kennzeichneten die Mitglieder desselben adeligen Geschlechtes. Göttliche Verehrung genossen die Naturkräfte; dabei legte man großen Wert auf Vorzeichen, auf die Macht von Beschwörungsformeln und andere Ausgeburten des Aberglaubens. Die arischen Sprachen gewähren uns das Bild gliederreicher Organismen, deren Formenfülle sich üppig entfaltet, um später, wenn sie dem Bedürfnis rascherer Mitteilung im Wege stand, wieder erheblich einzuschrumpfen.

Während die Indogermanen auf dieser niedrigen, aber aussichtsreichen Kulturstufe verharrten, hatten andere Völker in günstiger gelegenen Erdräumen schon gewaltige Fortschritte gemacht. Hamitische Stämme in Ägypten, sumerische und, nach deren Vorbild, semitische Stämme in Babylonien wurden von 3000 v. Chr. an die Lehrmeister aller anderen Orientalen: der semitischen Assyrier, Phöniker, Israeliten, der nichtsemitischen Chetiter und der in Vorderasien eingedrungenen Arier: Mitanni, Meder und Perser.

Jene Schöpfer der ältesten geschichtlichen Kulturen waren, im Gegensatz zu den ungetrennten Indogermanen, vor allem schon in sehr früher Zeit rührige Ackerbauer und Städtebauer. Sie entwässerten ihre fruchtbaren Ebenen und zogen den Pflug, wo sich früher Sumpf und Wald ausgedehnt hatten. Sie bemächtigten sich zuerst der Metallschätze der Erde und formten sie zu Werkzeugen und Waffen, aber auch zu gangbaren Zahlungsmitteln. Auf den mächtigen Flüssen und den kunstreich gezogenen Kanälen, ja selbst im persischen Golf und an den Gestaden, zu denen diese Wasserstraße führt, schwammen die Handelswaren von ihren Erzeugungsstätten nach den Märkten des In- und Auslandes. Aus Backsteinmassen erhoben sich ummauerte Städte und in denselben Tempel und Paläste. Diese Bauwerke bewahren kostbare Aufzeichnungen; denn man hatte die Schrift erfunden und benützte sie zur Festhaltung historischer Tatsachen und wertvoller wissenschaftlicher Entdeckungen. Feste Maß- und Gewichtssysteme waren eingeführt, und die Astronomie diente den Bedürfnissen der Schiffahrt auf hoher See.

Als Ackerbauer wie als Bewohner der Ebene mußten die Ägypter und die Babylonier früher zum Städtebau schreiten, als die Gebirgsbewohner. Das flache Land bot ihnen keinen Schutz vor Feindesgefahr, während Berggegenden natürliche Bollwerke bilden. So konnten sich die bergbewohnenden Indogermanen Jahrtausende hindurch ohne Städte erhalten, während der Hamite im Nilland, der Semite Mesopotamiens gezwungen waren, sich künstliche Schutzwehren zu schaffen, um ihre Eigenart und Unabhängigkeit zu bewahren. Fernere Vorzüge der Stadt sind, daß sie den Menschen erst recht an den Boden kettet, ihn treibt, das kulturfördernde Prinzip der Arbeitsteilung einzuführen. Aber im Anfange ward die Stadt nicht als Sitz für Gewerbetreibende noch als Markt für den Kaufmann ins Dasein gerufen, sondern als befestigter Platz für die Heiligtümer des Stammes und dessen geistliche und weltliche Lenker, als Ver-

einigungs- und Festplatz für die Masse der landbautreibenden Bevölkerung. Die Hauptsache waren ursprünglich und noch lange
nachher die Ringmauern und Türme, nicht die Wohnhäuser, Straßen
und Plätze. Die ältesten Städte waren halbleere Orte auf Anhöhen,
womöglich an Flüssen, und über steilen Felswänden, die den Zugang
erschwerten, außerdem geschützt durch Erd- oder Steinwälle und
Palisaden. Hierher floh das gesamte Volk bei Feindesgefahr, hier
trieb es sein Vieh zusammen und barg seine sonstige fahrende Habe.
Erst später entstand unterhalb der Burg, welche zur Oberstadt wurde,
die Unterstadt, welche in der Regel ebenfalls mit einer Mauer um-
zogen wurde.

Auch außer den Kriegs- und Festzeiten ward die Stadt nachmals
der natürliche Sammelplatz jener Volksgenossen, welche nicht vom
Landbau, sondern von gewerblicher Tätigkeit lebten oder Handel
trieben. Wenn die Befestigungen der Stadt anfangs weit mehr
Raum einschlossen, als die Zahl der Wohnhäuser erforderte, so
füllten die letzteren allmählich die ganze Bodenfläche, und die steigende Bevölkerungszahl verbot es, in Kriegszeiten den umwallten
Hauptort seiner ursprünglichen Bestimmung gemäß zu benützen.

Daß die Stadt eine Gründung des Ackerbauers ist, lehrt uns
auch der etruskische, von den Römern übernommene Ritus der
Stadtgründung. Nach diesem heiligen Brauche wird die Linie, auf
der die Mauern stehen sollen, zuerst mit dem Pfluge aufgerissen;
wo ein Tor hinkommen soll, dort wird die Pflugschar aus der Erde
gehoben. Hätte nicht der Landmann, sondern der Kaufmann die
Stadt ins Leben gerufen, so würde er sich nicht des Pfluges zur
Vorzeichnung des Umfanges bedient, noch auch die Linie gezogen
haben, welcher die Mauern folgen sollten, sondern er hätte den
Marktplatz abgegrenzt, um den herum sich dann die Stadt entwickelt
hätte. Heute freilich sind die Verteidigungsmauern der meisten
Städte gefallen, und zur Hauptsache ist geworden, was früher
Nebensache war: Wohnhäuser und öffentliche Gebäude, Straßen
und Plätze.

Ägypten und Mesopotamien haben die altorientalische
Feldbau- und Städtekultur geschaffen, ohne deren Entstehung
ein Verlauf der jüngeren urgeschichtlichen Zeiten, wie er sich
in Europa tatsächlich abgespielt hat, unmöglich gewesen wäre.
Aber Europa war kein Schauplatz für einfache, nur abgeschwächte Wiederholungen jenes Beispieles, wie sie auf asia-
tischem Boden mehrfach stattgefunden haben. Unser Kontinent

begünstigt, zumal in seinen mittelländischen, aber auch in
seinen nordischen Gebieten, nicht die Blüte von Strom- und
Tieflandkulturen, sondern den Aufschwung von Küsten- und
Inselkulturen, im Binnenland die Entstehung von Kulturen
der Berggebiete, im ganzen also nicht die Zusammenfassung,
sondern die Scheidung und Zerstreuung der Völker. Deshalb
erwuchs schon an den Pforten des Orients der Inselstaat der
Kestiu Kretas als ein ganz eigenartiges, dem alten Morgenlande vielfach überlegenes Gebilde. Dieses Volk war wohl
noch kein indogermanisches, aber ein ebenso echt europäisches,
wie die Skandinavier der Bronzezeit des Nordens. Dann ging
die Vorherrschaft im Mittelmeer auf indogermanische Fest-
landstämme über, die sich aus primitiven Zuständen rasch zu
fortschrittlustigen Küsten- und Inselvölkern entwickelten. So
erwachten nacheinander Griechenland, Italien und das Kelten-
land aus urgeschichtlicher Dämmerung. Weil die Germanen
länger in dieser verharren mußten, brachten sie es schon in
solcher Dämmerzeit zu höheren Schöpfungen, als viele andere
Völker. Wie sehr ihnen dabei die Insel- und Küstennatur ihrer
Wohnsitze günstig war, sehen wir an einer Vergleichung mit
den Slawen, die am längsten zurückgeblieben sind. Die Indogermanen brachten der orientalischen Kultur vor allem ihre
hohe Bildsamkeit und ihre tiefere geistige Eigenart entgegen.
Der Geist des Orientalen ist auf das Praktische gerichtet; er
hat bestimmte Grenzen, deren Enge dem Indogermanen un-
erträglich ist. So wurde dieser zwar der Schüler des ersteren,
hat ihn dann aber weit überflügelt. Das geschah durch die
Hellenen in Kunst und Wissenschaft, durch die Römer im
Rechts-, Staats- und Kriegswesen, durch die neueren Völker
Europas in allen jenen Beziehungen, die den Stolz der modernen Kultur ausmachen.

Register.

Sammlung

Jeder Band
in Leinw. geb. **80 Pf.** Göschen

Verzeichnis der bis jetzt erschienenen Bände.

Abwässer. Wasser und Abwässer. Ihre Zusammensetzung, Beurteilung u. Untersuchung von Professor Dr. Emil Haselhoff, Vorsteher d. landw. Versuchsstation in Marburg in Hessen. Nr. 473.

Ackerbau= u. Pflanzenbaulehre von Dr. Paul Rippert in Essen und Ernst Langenbeck, Groß-Lichterfelde. Nr. 232.

Agrarwesen und Agrarpolitik von Prof. Dr. W. Wygodzinski in Bonn. 2 Bändchen, I: Boden und Unternehmung. Nr. 592.

— — II: Kapital u. Arbeit in der Landwirtschaft. Verwertung der landwirtschaftl. Produkte. Organisat. d. landwirtschaftl. Berufsstandes. Nr. 593.

Agrikulturchemie I: Pflanzenernährung von Dr. Karl Grauer. Nr. 329.

Agrikulturchemische Kontrollwesen, Das, v. Dr. Paul Krische in Leopoldshall-Staßfurt. Nr. 304.

— Untersuchungsmethoden von Prof. Dr. Emil Haselhoff, Vorsteher der landwirtschaftl. Versuchsstation in Marburg in Hessen. Nr. 470.

Akustik. Theoret. Physik I: Mechanik und Akustik. Von Dr. Gustav Jäger, Prof. an der Technischen Hochschule in Wien. Mit 19 Abbild. Nr. 76.

— **Musikalische,** von Professor Dr. Karl L. Schäfer in Berlin. Mit 35 Abbild. Nr. 21.

Algebra. Arithmetik und Algebra von Dr. H. Schubert, Professor an der Gelehrtenschule des Johanneums in Hamburg. Nr. 47.

— **Beispielsammlung z. Arithmetik u. Algebra** v. Dr. Hermann Schubert, Prof. a. d. Gelehrtenschule des Johanneums in Hamburg. Nr. 48.

Algebraische Kurven v. Eugen Beutel, Oberreallehrer in Vaihingen-Enz. I: Kurvendiskussion. Mit 57 Figuren im Text. Nr. 435.

— — II: Theorie und Kurven dritter und vierter Ordnung. Mit 52 Figuren im Text. Nr. 436.

Alpen, Die, von Dr. Rob. Sieger, Professor an der Universität Graz. Mit 19 Abbildungen und 1 Karte. Nr. 129.

Althochdeutsche Literatur mit Grammatik, Übersetzung und Erläuterungen von Th. Schauffler, Professor am Realgymnasium in Ulm. Nr. 28.

Alttestamentl. Religionsgeschichte von D. Dr. Max Löhr, Professor an der Universität Königsberg. Nr. 292.

Amphibien. Das Tierreich III: Reptilien und Amphibien v. Dr. Franz Werner, Professor an der Universität Wien. Mit 48 Abbildungen. Nr. 383.

Analyse, Techn.=Chem., von Dr. G. Lunge, Prof. a. d. Eidgen. Polytechn. Schule in Zürich. Mit 16 Abb. Nr. 195.

Analysis, Höhere, I: Differentialrechnung. Von Dr. Frdr. Junker, Rektor des Realgymnasiums und der Oberrealschule in Göppingen. Mit 68 Figuren. Nr. 87.

— — **Repetitorium und Aufgabensammlung zur Differentialrechnung** von Dr. Frdr. Junker, Rektor d. Realgymnas. u. der Oberrealsch. in Göppingen. Mit 46 Fig. Nr. 146.

— — II: **Integralrechnung.** Von Dr. Friedr. Junker, Rektor des Realgymnasiums und der Oberrealschule in Göppingen. Mit 89 Figuren. Nr. 88.

Analysis, Höhere. Repetitorium und Aufgabensammlung zur Integralrechnung von Dr. Friedr. Junker, Rektor des Realgymnasiums und der Oberrealschule in Göppingen. Mit 50 Figuren. Nr. 147.
— Niedere, von Prof. Dr. Benedikt Sporer in Ehingen. Mit 5 Fig. Nr. 53.
Arbeiterfrage, Die gewerbliche, von Werner Sombart, Prof. a. d. Handelshochschule Berlin. Nr. 209.
Arbeiterversicherung siehe: Sozialversicherung.
Archäologie von Dr. Friedrich Koepp, Professor an der Universität Münster i. W. 3 Bändchen. M. 28 Abbildungen im Text und 40 Tafeln. Nr. 538/40.
Arithmetik u. Algebra von Dr. Herm. Schubert, Prof. an der Gelehrtenschule des Johanneums in Hamburg. Nr 47.
— — Beispielsammlung zur Arithmetik und Algebra von Dr. Herm. Schubert, Professor a. d. Gelehrtenschule des Johanneums in Hamburg. Nr. 48.
Armeepferd, Das, und die Versorgung der modernen Heere mit Pferden von Felix von Damnitz, General der Kavallerie z. D. und ehemal. Preuß. Remonteinspekteur. Nr. 514.
Armenwesen und Armenfürsorge. Einführung in die soziale Hilfsarbeit v. Dr. Adolf Weber, Professor an der Handelshochschule in Köln. Nr. 346.
Ästhetik, Allgemeine, von Prof. Dr. Max Diez, Lehrer an der Kgl. Akademie d. bild. Künste in Stuttg. Nr. 300.
Astronomie. Größe, Bewegung u. Entfernung der Himmelskörper von A. F. Möbius, neu bearbeitet von Dr. Herm. Kobold, Professor an der Universität Kiel. 1: Das Planetensystem. Mit 33 Abbildungen. Nr. 11.
— — II: Kometen, Meteore u. das Sternsystem. Mit 15 Figuren und 2 Sternkarten. Nr. 529.
Astronomische Geographie von Dr. Siegmund Günther, Professor an der Technischen Hochschule in München. Mit 52 Abbildungen. Nr. 92.
Astrophysik. Die Beschaffenheit der Himmelskörper v. Prof. W. F. Wislicenus. Neu bearbeitet von Dr. H. Ludendorff in Potsdam. Mit 15 Abbild. Nr. 91.
Ätherische Öle und Riechstoffe von Dr. F. Rochussen in Miltitz. Mit 9 Abbildungen. Nr. 446.

Aufsatzentwürfe von Oberstudienrat Dr. L. W. Straub, Rektor des Eberhard-Ludwigs-Gymnas. i. Stuttgart. Nr. 17.
Ausgleichungsrechnung nach der Methode der kleinsten Quadrate von Wilh. Weitbrecht, Professor der Geodäsie in Stuttgart. Mit 15 Figuren und 2 Tafeln. Nr. 302.
Außereuropäische Erdteile, Länderkunde der, von Dr. Franz Heiderich, Professor an der Exportakademie in Wien. Mit 11 Textkärtchen und Profilen. Nr. 63.
Australien. Landeskunde u. Wirtschaftsgeographie des Festlandes Australien von Dr. Kurt Hassert, Professor der Geographie an der Handels-Hochschule in Köln. Mit 8 Abb., 6 graph. Tabellen u. 1 Karte. Nr. 319.
Autogenes Schweiß- und Schneidverfahren von Ingenieur Hans Niese in Kiel. Mit 30 Figuren. Nr. 499.
Bade- u. Schwimmanstalten, Öffentliche, v. Dr. Karl Wolff, Stadt-Oberbaur., Hannover. M. 50 Fig. Nr. 380.
Baden. Badische Geschichte von Dr. Karl Brunner, Prof. am Gymnasium in Pforzheim und Privatdozent der Geschichte an der Technischen Hochschule in Karlsruhe. Nr. 230.
— Landeskunde von Baden von Prof. Dr. O. Kienitz i. Karlsruhe. Mit Profil., Abbild. und 1 Karte. Nr. 199.
Bahnhöfe. Hochbauten der Bahnhöfe von Eisenbahnbauinspektor C. Schwab, Vorstand d. Kgl. C.-Hochbausektion Stuttgart II. I: Empfangsgebäude. Nebengebäude. Güterschuppen. Lokomotivschuppen. Mit 91 Abbildungen. Nr. 515.
Balkanstaaten. Geschichte d. christlichen Balkanstaaten (Bulgarien, Serbien, Rumänien, Montenegro, Griechenland) von Dr. K. Roth in Kempten. Nr. 331.
Bankwesen. Technik des Bankwesens von Dr. Walter Conrad, stellvert. Vorsteher der statist. Abteilung der Reichsbank in Berlin. Nr. 484.
Bauführung. Kurzgefaßtes Handbuch über das Wesen der Bauführung von Architekt Emil Beutinger, Assistent an der Technischen Hochschule in Darmstadt. M. 25 Fig. u. 11 Tabell. Nr. 399.

Elsaß-Lothringen, Landeskunde v., von Prof. Dr. R. Langenbeck in Straßburg i. E. M. 11 Abb. u. 1 Karte. Nr. 215.

Englisch = deutsches Gesprächsbuch von Professor Dr. E. Hausknecht in Lausanne. Nr. 424.

Englische Geschichte von Prof. L. Gerber, Oberlehrer in Düsseldorf. Nr. 375.

Englische Handelskorrespondenz v. E. E. Whitfield, M. A., Oberlehrer an King Edward VII Grammar School in King's Lynn. Nr. 237.

Englische Literaturgeschichte von Dr. Karl Weiser in Wien. Nr. 69.

— — Grundzüge und Hauptlinien der englischen Literaturgeschichte von Dr. Arnold M. M. Schröer, Prof. an der Handelshochschule in Köln. 2 Teile. Nr. 286, 287.

Entwicklungsgeschichte der Tiere von Dr. Johannes Meisenheimer, Professor der Zoologie an der Universität Jena. I: Furchung, Primitivanlagen, Larven, Formbildung, Embryonalhüllen. Mit 48 Fig. Nr. 378.
— — II: Organbildung. Mit 46 Fig. Nr. 379.

Epigonen, Die, des höfischen Epos. Auswahl aus deutschen Dichtungen des 13. Jahrhunderts von Dr. Viktor Junk, Aktuarius der Kaiserlichen Akademie der Wissenschaften in Wien. Nr. 289.

Erdmagnetismus, Erdstrom, Polarlicht von Dr. A. Nippoldt, Mitglied des Königlich Preußischen Meteorologischen Instituts in Potsdam. Mit 17 Abbild. und 5 Tafeln. Nr. 175.

Erdteile, Länderkunde der außereuropäischen, von Dr. Franz Heiderich, Professor an der Exportakademie in Wien. Mit 11 Textkärtchen und Profilen. Nr. 63.

Ernährung und Nahrungsmittel v. Oberstabsarzt Professor H. Bischoff in Berlin. Mit 4 Abbildungen. Nr. 464.

Ethik von Professor Dr. Thomas Achelis in Bremen. Nr. 90.

Europa, Länderkunde von, von Dr. Franz Heiderich, Professor an der Exportakademie in Wien. Mit 14 Textkärtchen und Diagrammen und einer Karte der Alpeneinteilung. Nr. 62.

Exkursionsflora von Deutschland zum Bestimmen der häufigeren in Deutschland wildwachsenden Pflanzen von Dr. W. Migula, Professor an der Forstakademie Eisenach. 2 Teile. Mit je 50 Abbildung. Nr. 268 u. 269.

Explosivstoffe. Einführung in die Chemie der explosiven Vorgänge von Dr. H. Brunswig in Steglitz. Mit 6 Abbildungen und 12 Tab. Nr. 333.

Familienrecht. Recht des Bürgerlichen Gesetzbuches. Viertes Buch: Familienrecht von Dr. Heinrich Titze, Professor an der Universität Göttingen. Nr. 305.

Färberei. Textil-Industrie III: Wäscherei, Bleicherei, Färberei und ihre Hilfsstoffe von Dr. Wilhelm Massot, Professor an der Preußischen höheren Fachschule für Textilindustrie in Krefeld. Mit 28 Figuren. Nr. 186.

Feldgeschütz, Das moderne, von Oberstleutnant W. Heydenreich, Militärlehrer an d. Militärtechn. Akademie in Berlin. I: Die Entwicklung des Feldgeschützes seit Einführung des gezogenen Infanteriegewehrs bis einschl. der Erfindung des rauchl. Pulvers, etwa 1850 bis 1890. M. 1 Abb. Nr. 306.

— — II: Die Entwicklung des heutigen Feldgeschützes auf Grund der Erfindung des rauchlosen Pulvers, etwa 1890 bis zur Gegenwart. Mit 11 Abb. Nr. 307.

Fernsprechwesen, Das, von Dr. Ludwig Rellstab in Berlin. Mit 47 Figuren und 1 Tafel. Nr. 155.

Festigkeitslehre von W. Hauber, Diplom-Ingenieur. Mit 56 Fig. Nr. 288.
— Aufgabensammlung zur Festigkeitslehre mit Lösungen von R. Haren, Diplom-Ingenieur in Mannheim. Mit 42 Figuren. Nr. 491.

Fette, Die, und Öle sowie die Seifen- u. Kerzenfabrikat. u. d. Harze, Lacke, Firnisse m. ihren wichtigst. Hilfsstoffen von Dr. Karl Braun in Berlin. I: Einführ. in die Chemie, Besprech. einiger Salze u. d. Fette und Öle. Nr. 335.

— — II: Die Seifenfabrikation, die Seifenanalyse und die Kerzenfabrikation. Mit 25 Abbild. Nr. 336.
— — III: Harze, Lacke, Firnisse. Nr. 337.

Feuerwaffen. Geschichte der gesamten Feuerwaffen bis 1850. Die Entwicklung der Feuerwaffen von ihrem ersten Auftreten bis zur Einführung der gezogenen Hinterlader, unter besonderer Berücksichtigung der Heeresbewaffnung v. Hauptmann a. D. W. Gohlke, Steglitz-Berlin. Mit 105 Abbildungen. Nr. 530.

Filzfabrikation. Textil-Industrie II: Weberei, Wirkerei, Posamentiererei, Spitzen- und Gardinenfabrikation und Filzfabrikation von Professor Max Gürtler, Geh. Regierungsr. im Kgl. Landesgewerbeamt z. Berlin. M. 29 Fig. Nr. 185.

Finanzsysteme d. Großmächte, Die, (Internationales Staats- u. Gemeindefinanzwesen) von O. Schwarz, Geh. Oberfinanzrat in Berlin. Zwei Bändchen. Nr. 450 und 451.

Finanzwissenschaft von Präsident Dr. R. van der Borght in Berlin. I: Allgemeiner Teil. Nr. 148.
— — II: Besonderer Teil (Steuerlehre). Nr. 391.

Finnisch-ugrische Sprachwissenschaft von Dr. Josef Szinnyei, Prof. an der Universität Budapest. Nr. 463.

Finnland. Landeskunde des Europäischen Rußlands nebst Finnlands von Professor Dr. A. Philippson in Halle a. S. Nr. 359.

Firnisse. Harze, Lacke, Firnisse von Dr. Karl Braun in Berlin. (Fette und Öle III.) Nr. 337.

Fische. Das Tierreich IV: Fische von Professor Dr. Max Rauther in Neapel. Mit 37 Abbild. Nr. 356.

Fischerei und Fischzucht von Dr. Karl Eckstein, Professor an der Forstakademie Eberswalde, Abteilungsdirigent bei der Hauptstation des forstlichen Versuchswesens. Nr. 159.

Flora. Exkursionsflora von Deutschland zum Bestimmen der häufigeren in Deutschland wildwachsenden Pflanzen von Dr. W. Migula, Prof. an der Forstakademie Eisenach. 2 Teile. Mit je 50 Abbildungen. Nr. 268, 269.

Flußbau von Regierungsbaumeister Otto Rappold in Stuttgart. Mit vielen Abbildungen. Nr. 597.

Forensische Psychiatrie von Professor Dr. W. Weygandt, Direktor der Irrenanstalt Friedrichsberg in Hamburg. Zwei Bändchen. Nr. 410 und 411.

Forstwissenschaft von Dr. Ad. Schwappach, Prof. a. d. Forstakademie Eberswalde, Abteilungsdirig. bei d. Hauptstation d. forstl. Versuchswes. Nr. 106.

Fortbildungsschulwesen, Das deutsche, nach seiner geschichtl. Entwicklung und in seiner gegenwärt. Gestalt von H. Siercks, Revisor gewerbl. Fortbildungsschulen in Schleswig. Nr. 392.

Franken. Geschichte Frankens von Dr. Christ. Meyer, Kgl. preuß. Staatsarchivar a. D. in München. Nr. 434.

Frankreich. Französische Geschichte von Dr. R. Sternfeld, Professor an d. Universität Berlin. Nr. 85.

Frankreich. Landesk. v. Frankreich v. Dr. Richard Neuse, Direkt. d. Ober-Realschule in Spandau. 1. Bändchen. Mit 23 Abbild. im Text und 16 Landschaftsbildern auf 16 Tafeln. Nr. 466.
— — 2. Bändchen. Mit 15 Abbild. im Text, 18 Landschaftsbildern auf 16 Tafeln und einer lithogr. Karte. Nr. 467.

Französisch-deutsches Gesprächsbuch von C. Francillon, Lektor am orientalisch. Seminar u. an d. Handelshochschule in Berlin. Nr. 596.

Französische Handelskorrespondenz von Professor Th. de Beaux, Officier de l'Instruction Publique. Nr. 183.

Fremdwort, Das, im Deutschen von Dr. Rud. Kleinpaul in Leipzig. Nr. 55.

Fremdwörterbuch, Deutsches, von Dr. Rud. Kleinpaul in Leipzig. Nr. 273.

Fuge. Erläuterung und Anleitung zur Komposition derselben v. Prof. Stephan Krehl in Leipzig. Nr. 418.

Funktionentheorie, Einleitung in die, (Theorie der komplexen Zahlenreihen) von Max Rose, Oberlehrer an der Goetheschule in Deutsch-Wilmersdorf. Mit 10 Figuren. Nr. 581.

Fußartillerie, Die, ihre Organisation, Bewaffnung und Ausbildung von Spieß, Oberleutnant im Lehrbataillon der Fußartillerie-Schießschule u. Biermann, Oberleutnant in der Versuchsbatterie der Artillerie-Prüfungskommission. Mit 35 Figuren. Nr. 560.

Gardinenfabrikation. Textilindustrie II: Weberei, Wirkerei, Posamentiererei, Spitzen- und Gardinenfabrikation und Filzfabrikation v. Professor Max Gürtler, Geh. Regierungsrat im Königl. Landesgewerbeamt zu Berlin. Mit 29 Figuren. Nr. 185.

Gas- und Wasserinstallationen mit Einschluß der Abortanlagen von Professor Dr. phil. und Dr.-Ingen. Eduard Schmitt in Darmstadt. Mit 119 Abbildungen. Nr. 412.

Gaskraftmaschinen, Die, von Ing. Alfred Kirschke in Kiel. Mit 55 Figuren. Nr. 316.

Gasthäuser und Hotels von Architekt Max Wöhler in Düsseldorf. I: Die Bestandteile und die Einrichtung des Gasthauses. Mit 70 Figuren. Nr 525.

— — II: Die verschiedenen Arten von Gasthäusern. Mit 82 Fig. Nr. 526.

Gebirgsartillerie. Die Entwicklung der Gebirgsartillerie von Klußmann, Oberst und Kommandeur der 1. Feldartillerie-Brigade in Königsberg i. Pr. Mit 78 Bildern und Übersichtstafeln. Nr. 531.

Genossenschaftswesen, Das, in Deutschland von Dr. Otto Lindecke in Düsseldorf. Nr. 384.

Geodäsie. Vermessungskunde von Diplom-Ing. P. Werkmeister, Oberlehrer an der Kaiserl. Technisch. Schule in Straßburg i. E. I: Feldmessen und Nivellieren. Mit 146 Abbild. II: Der Theodolit. Trigonometrische und barometrische Höhenmessung. Tachymetrie. Mit 109 Abbildungen. Nr. 468 u. 469.

Geologie in kurzem Auszug für Schulen und zur Selbstbelehrung zusammengestellt von Professor Dr. Eberh. Fraas in Stuttgart. Mit 16 Abbildungen und 4 Tafeln mit 51 Figuren. Nr. 13.

Geometrie, Analytische, der Ebene von Professor Dr. M. Simon in Straßburg. Mit 57 Figuren. Nr. 65.

— — Aufgabensammlung zur Analytischen Geometrie der Ebene von O. Th. Bürklen, Professor am Königl. Realgymnasium in Schwäb.-Gmünd. Mit 32 Figuren. Nr. 256.

Geometrie, Analytische, d. Raumes v. Prof. Dr. M. Simon in Straßburg. Mit 28 Abbildungen. Nr. 89.

— — Aufgabensammlung zur Analytischen Geometrie des Raumes von O. Th. Bürklen, Professor am Königl. Realgymnasium in Schwäb. Gmünd. Mit 8 Figuren. Nr. 309.

— Darstellende, v. Dr. Robert Haußner, Professor an der Universität Jena. I. Mit 110 Figuren. Nr. 142.

— — II. Mit 40 Figuren. Nr. 143.

— Ebene, von G. Mahler, Professor am Gymnasium in Ulm. Mit 111 zweifarbigen Figuren. Nr. 41.

— Projektive, in synthet. Behandlung von Dr. Karl Doehlemann, Professor an der Universität München. Mit 91 Figuren. Nr. 72.

Geometrische Optik, Einführung in die, von Dr. W. Hinrichs in Wilmersdorf-Berlin. Nr. 532.

Geometrisches Zeichnen von H. Becker, Architekt und Lehrer an der Baugewerkschule in Magdeburg, neubearbeitet von Professor J. Vonderlinn in Münster. Mit 290 Figuren und 23 Tafeln im Text. Nr. 58.

Germanische Mythologie von Dr. E. Mogk, Prof. a. d. Univ. Leipzig. Nr. 15.

Germanische Sprachwissenschaft von Dr. Rich. Loewe. Nr. 238.

Gesangskunst. Technik der deutschen Gesangskunst von Oskar Noë und Dr. Hans Joachim Moser. Nr. 576.

Geschichtswissenschaft, Einleitung i. die, von Dr. Ernst Bernheim, Prof. an der Univers. Greifswald. Nr. 270.

Geschütze, Die modernen, der Fußartillerie von Mummenhoff, Major und Lehrer an der Fußartillerie-Schießschule in Jüterbog. I: Vom Auftreten d. gezogenen Geschütze bis zur Verwendung des rauchschwachen Pulvers 1850—1890. Mit 50 Textbildern. Nr. 334.

— — II: Die Entwicklung der heutigen Geschütze der Fußartillerie seit Einführung des rauchschwachen Pulvers 1890 bis zur Gegenwart. Mit 33 Textbildern. Nr. 362.

Geschwindigkeitsregler der Kraftmaschinen, Die, von Dr.-Ing. H. Kröner in Friedberg. Mit viel. Figuren. Nr. 604.

Gesetzbuch, Bürgerliches, siehe: Recht des Bürgerlichen Gesetzbuches

Harmonielehre von A. Halm. Mit vielen Notenbeispielen. Nr. 120.

Hartmann von Aue, Wolfram von Eschenbach und Gottfried von Straßburg. Auswahl aus dem höfischen Epos mit Anmerkungen und Wörterbuch von Dr. K. Marold, Professor am Königlichen Friedrichskollegium zu Königsberg i. Pr. Nr. 22.

Harze, Lacke, Firnisse von Dr. Karl Braun in Berlin. (Die Fette und Öle III.) Nr. 337.

Hauptliteraturen, Die, d. Orients v. Dr. M. Haberlandt, Privatdoz. a. d. Univers. Wien. I. II. Nr. 162. 163.

Hebezeuge, Die, ihre Konstruktion u. Berechnung von Ing. Prof. Hermann Wilda, Bremen. M. 399 Abb. Nr. 414.

Heeresorganisation, Die Entwicklung der, seit Einführung der stehenden Heere von Otto Neuschler, Hauptmann u. Batteriechef in Ulm. I: Geschichtl. Entwicklung bis zum Ausgange d. 19. Jahrh. Nr. 552.

Heizung u. Lüftung v. Ing. Johannes Körting in Düsseldorf I: Das Wesen und die Berechnung der Heizungs- und Lüftungsanlagen. Mit 34 Fig. Nr. 342.

— — II: Die Ausführung d. Heizungs- u. Lüftungsanlage. Mit 191 Fig. Nr. 343.

Hessen. Landeskunde des Großherzogtums Hessen, der Provinz Hessen-Nassau und des Fürstentums Waldeck von Prof. Dr. Georg Greim in Darmstadt. Mit 13 Abbildungen und 1 Karte. Nr. 376.

Hieroglyphen von Geh. Regier.-Rat Dr. Ad. Erman, Prof. an der Universität Berlin. Nr. 608.

Hochspannungstechnik von Dr.-Ing. K. Fischer in in Hamburg-Bergedorf. Mit vielen Figuren. Nr. 609.

Holz, Das. Aufbau, Eigenschaften u. Verwendung v. Ingen. Prof. Hermann Wilda in Bremen. M. 33 Abb. Nr. 459.

Hotels. Gasthäuser und Hotels von Architekt Max Wöhler in Düsseldorf. I: Die Bestandteile u. d. Einrichtung d. Gasthauses. Mit 70 Figuren. Nr. 525.

— — II: Die verschiedenen Arten v. Gasthäusern. Mit 82 Figuren. Nr. 526.

Hydraulik von W. Hauber, Dipl.-Ing. in Stuttgart. Mit 44 Fig. Nr. 397.

Hygiene des Städtebaus, Die, von Professor H. Chr. Nußbaum in Hannover. Mit 30 Abbildungen. Nr. 348.

Hygiene d. Wohnungswesens, Die, von Prof. H. Chr. Nußbaum in Hannover. Mit 5 Abbildungen. Nr. 363.

Iberische Halbinsel. Landeskunde der Iberischen Halbinsel von Dr. Fritz Regel, Prof. a. d. Univ. Würzburg. Mit 8 Kärtchen u. 8 Abb. im Text und 1 Karte in Farbendruck. Nr. 235.

Indische Religionsgeschichte v. Prof. Dr. Edmund Hardy. Nr. 83.

Indogerman. Sprachwissenschaft v. Dr. R. Meringer, Professor an der Univers. Graz. Mit 1 Tafel. Nr. 59.

Industrielle u. gewerbliche Bauten (Speicher, Lagerhäuser und Fabriken) von Architekt Heinrich Salzmann in Düsseldorf. I: Allgemeines über Anlage und Konstruktion der industriellen und gewerblichen Bauten. Nr. 511.

— — II: Speicher und Lagerhäuser. Mit 123 Figuren. Nr. 512.

Infektionskrankheiten, Die, und ihre Verhütung von Stabsarzt Dr. W. Hoffmann in Berlin. Mit 12 vom Verfasser gezeichneten Abbildung. und einer Fiebertafel. Nr. 327.

Insekten. Das Tierreich V: Insekten von Dr. J. Groß in Neapel (Stazione Zoologica). Mit 56 Abbildungen. Nr. 594.

Instrumentenlehre v. Musikdir. Franz Mayerhoff i. Chemnitz. I: Text. Nr. 437.

— — II: Notenbeispiele. Nr. 438.

Integralrechnung von Dr. Friedr. Junker, Rektor des Realgymnasiums und der Oberrealschule in Göppingen. Mit 89 Figuren. Nr. 88.

— **Repetitorium und Aufgabensammlung zur Integralrechnung** von Dr. Friedrich Junker, Rektor des Realgymnasiums u. d. Oberrealschule in Göppingen. Mit 52 Fig. Nr. 147.

Israel. Geschichte Israels bis auf die griechische Zeit von Lic. Dr. J. Benzinger. Nr. 231.

Italienische Handelskorrespondenz von Professor Alberto de Beaux, Oberlehrer am Königl. Institut S. S. Annunziata in Florenz. Nr. 219.

Italienische Literaturgeschichte von Dr. Karl Voßler, Professor an der Universität München. Nr. 125.

Kalkulation, Die, im Maschinenbau von Ingenieur H. Bethmann, Dozent am Technikum Altenburg. Mit 63 Abbildungen. Nr. 486.

Kältemaschinen. Die thermodynamischen Grundlagen der Wärmekraft- und Kältemaschinen von M. Röttinger, Diplom-Ingenteur in Mannheim. Mit 73 Fig. Nr. 2.

Kamerun. Die deutschen Kolonien I: Togo und Kamerun von Prof. Dr. Karl Dove. Mit 16 Tafeln und einer lithographischen Karte. Nr. 441.

Kanal- und Schleusenbau von Regierungsbaumeister Otto Rappold in Stuttgart. Mit 78 Abbild. Nr. 585.

Kant, Immanuel. (Geschichte d. Philosophie Band 5) von Dr. Bruno Bauch, Prof. a. d. Univ. Jena. Nr. 536.

Kartell und Trust v. Dr. S. Tschierschky in Düsseldorf. Nr. 522.

Kartenkunde von Dr. M. Groll, Kartograph in Berlin. 2 Bändchen. I: Die Projektionen. Mit 53 Figuren. Nr. 30.
— — II: Der Karteninhalt und das Messen auf Karten. Mit 36 Figuren. Nr. 599.

Kaufmännische Rechtskunde. I: Das Wechselwesen von Rechtsanwalt Dr. Rudolf Molthes in Leipzig. Nr. 103.
— II: Der Handelsstand v. Rechtsanw. Dr. jur. Bruno Springer, Leipzig. Nr. 545.

Kaufmännisches Rechnen von Prof. Richard Just, Oberlehrer a. d. Öffentl. Handelslehranstalt d. Dresdener Kaufmannsch. I. II. III. Nr. 139. 140. 187.

Keramische Industrie. Die Industrie der Silikate, der künstlichen Bausteine und des Mörtels von Dr. Gustav Rauter. I: Glas- u. keram. Industrie. M. 12 Taf. Nr. 233.

Kerzenfabrikation. Die Seifenfabrikation, die Seifenanalyse und die Kerzenfabrikation von Dr. Karl Braun in Berlin. (Die Fette u. Öle II.) Mit 25 Abbild. Nr. 336.

Kiautschou. Die deutsch. Kolonien II: Das Südseegebiet und Kiautschou von Prof. Dr. K. Dove. Mit 16 Taf. u. 1 lithogr. Karte. Nr. 520.

Kinematik von Dipl.-Ing. Hans Polster, Assistent an der Kgl. Techn. Hochschule Dresden. Mit 76 Abbild. Nr. 584.

Kirchenrecht von Dr. E. Sehling, ord. Prof. d. Rechte in Erlangen. Nr. 377.

Klimakunde I: Allgemeine Klimalehre von Professor Dr. W. Köppen, Meteorologe der Seewarte Hamburg. Mit 7 Taf. und 2 Figuren. Nr. 114.

Kolonialgeschichte von Dr. Dietrich Schäfer, Professor der Geschichte an der Universität Berlin. Nr. 156.

Kolonialrecht, Deutsches, von Dr. H. Edler von Hoffmann, Professor an der Kgl. Akademie Posen. Nr. 318.

Kometen. Astronomie. Größe, Bewegung und Entfernung der Himmelskörper von A. F. Möbius, neu bearbeitet von Dr. Herm. Kobold, Professor an der Universität Kiel. II: Kometen, Meteore und das Sternsystem. Mit 15 Figuren u. 2 Sternkarten. Nr. 529.

Kommunale Wirtschaftspflege von Dr. Alfons Rieß, Magistratsassessor in Berlin. Nr. 534.

Kompositionslehre. Musikalische Formenlehre von Stephan Krehl. I. II. Mit viel. Notenbeispiel. Nr. 149. 150.

Kontrapunkt. Die Lehre von der selbständigen Stimmführung von Stephan Krehl in Leipzig. Nr. 390.

Kontrollwesen, Das agrikulturchemische, von Dr. Paul Krische in Leopoldshall-Staßfurt. Nr. 304.

Koordinatensysteme v. Paul B. Fischer, Oberlehrer an der Oberrealschule zu Groß-Lichterfelde. Mit 8 Fig. Nr. 507.

Körper, Der menschliche, sein Bau und seine Tätigkeiten von E. Rebmann, Oberschulrat in Karlsruhe. Mit Gesundheitslehre von Dr. med. H. Seiler. Mit 47 Abb. u. 1 Taf. Nr. 18.

Kostenanschlag siehe: Veranschlagen.

Kriegsschiffbau. Die Entwicklung des Kriegsschiffbaues vom Altertum bis zur Neuzeit. Von Tjard Schwarz, Geh. Marinebaur. u. Schiffbau-Direktor. I. Teil: Das Zeitalter der Ruderschiffe u. der Segelschiffe für die Kriegsführung zur See vom Altertum b. 1840. Mit 32 Abbildungen. Nr. 471.
— — II. Teil: Das Zeitalter der Dampfschiffe für die Kriegsführung zur See von 1840 bis zur Neuzeit. Mit 81 Abbildungen. Nr. 472.

Kriegswesens, Geschichte des, von Dr. Emil Daniels in Berlin. I: Das antike Kriegswesen. Nr. 488.

Pflanzenbaulehre. Ackerbau- und Pflanzenbaulehre von Dr. Paul Rippert in Essen und Ernst Langenbeck in Groß-Lichterfelde. Nr. 232.

Pflanzenbiologie von Dr. W. Migula, Professor an der Forstakademie Eisenach. 1: Allgemeine Biologie. Mit 43 Abbildungen. Nr. 127.

Pflanzenernährung. Agrikulturchemie I: Pflanzenernährung von Dr. Karl Grauer. Nr. 329.

Pflanzengeographie von Professor Dr. Ludwig Diels in Marburg (Hessen). Nr. 389.

Pflanzenkrankheiten von Dr. Werner Friedr. Bruck, Privatdozent in Gießen. Mit 1 farb. Taf. u. 45 Abbild. Nr. 310.

Pflanzenmorphologie. Morphologie u. Organographie d. Pflanzen von Prof. Dr. M. Nordhausen in Kiel. Mit 123 Abbild. Nr. 141.

Pflanzenphysiologie von Dr. Adolf Hansen, Professor an der Universität Gießen. Mit 43 Abbild. Nr. 591.

Pflanzenreichs, Die Stämme des, von Privatdozent Dr. Robert Pilger, Kustos am Kgl. Botanischen Garten in Berlin-Dahlem. Mit 22 Abb. Nr. 485.

Pflanzenwelt, Die, der Gewässer von Dr. W. Migula, Prof. a. d. Forstak. Eisenach. Mit 50 Abb. Nr. 158.

Pflanzenzellenlehre. Zellenlehre und Anatomie der Pflanzen von Prof. Dr. H. Miehe in Leipzig. Mit 79 Abbildungen. Nr. 556.

Pharmakognosie. Von Apotheker F. Schmitthenner, Assist. a. Botan. Instit. d. Techn. Hochsch. Karlsruhe. Nr. 251.

Pharmazeutische Chemie von Privatdozent Dr. E. Mannheim in Bonn. 3 Bändchen. Nr. 543/44 u. 588.

Philologie, Geschichte d. klassischen, v. Dr. Wilhelm Kroll, ord. Prof. a. d. Universität Münster in Westf. Nr. 367.

Philosophie, Einführung in die, von Dr. Max Wentscher, Professor an der Universität Bonn. Nr. 281.

Philosophie, Gesch. der, IV: Neuere Philosophie b. Kant v. Dr. B. Bauch, Professor an der Univ. Jena. Nr. 394.

— **V: Immanuel Kant** von Dr. Bruno Bauch, Professor an der Universität Jena. Nr. 536.

Philosophie, Geschichte der, VI: Die Philosophie im ersten Drittel des 19. Jahrhunderts von Arthur Drews, Prof. d. Philosophie an der Techn. Hochschule in Karlsruhe. Nr. 571.

— **Hauptprobleme der,** von Dr. Georg Simmel, Prof. a. d. Univ. Berlin. Nr. 500.

— **Psychologie und Logik** zur Einf. in die Philosophie von Professor Dr. Th. Elsenhans. Mit 13 Figuren. Nr. 14.

Photographie, Die. Von H. Keßler, Professor an der k. k. Graphischen Lehr- und Versuchsanstalt in Wien. Mit 3 Tafeln und 42 Abbildungen. Nr. 94.

Physik, Theoretische, von Dr. Gustav Jäger, Professor der Physik an der Technischen Hochschule in Wien. I. Teil: Mechanik und Akustik. Mit 24 Abbildungen. Nr. 76.

— II. Teil: Licht und Wärme. Mit 47 Abb. Nr. 77.

— III. Teil: Elektrizität und Magnetismus. Mit 33 Abbildungen. Nr. 78.

— IV. Teil: Elektromagnetische Lichttheorie u. Elektronik. M. 21 Fig. Nr. 374.

— **Geschichte der,** von Prof. A. Kistner in Wertheim a. M. I: Die Physik bis Newton. Mit 13 Figuren. Nr. 293.

— — II: Die Physik von Newton bis zur Gegenwart. Mit 3 Figuren. Nr. 294.

Physikalisch-Chemische Rechenaufgaben von Professor Dr. R. Abegg u. Privatdozent Dr. O. Sackur, beide an der Universität Breslau. Nr. 445.

Physikalische Aufgabensammlung von G. Mahler, Professor der Mathematik u. Physik am Gymnasium in Ulm. Mit den Resultaten. Nr. 243.

Physikalische Formelsammlung von G. Mahler, Professor am Gymnasium in Ulm. Mit 65 Figuren. Nr. 136.

Physikalische Messungsmethoden v. Dr. Wilh. Bahrdt, Oberl. a. d. Oberrealschule i. Gr.-Lichterf. M. 49 F. Nr. 301.

Physiologische Chemie von Dr. med. A. Legahn in Berlin. I: Assimilation. Mit 2 Tafeln. Nr. 240.

— — II: Dissimilation. Mit 1 Taf. Nr. 241.

Physische Geographie von Dr. Siegm. Günther, Prof. a. d. Kgl. Techn. Hochsch. in München. Mit 32 Abbild. Nr. 26.

Physische Meereskunde von Prof. Dr. Gerh. Schott, Abteilungsvorsteher bei der Deutsch. Seewarte in Hamburg. Mit 39 Abbild. im Text und 8 Taf. Nr. 112.

Silikate. Industrie der Silikate, der künstlichen Bausteine u. des Mörtels von Dr. Gustav Rauter in Charlottenburg. I: Glas und keramische Industrie. Mit 12 Taf. Nr. 233.
— — II: Die Industrie d. künstl. Bausteine u. d. Mörtels. Mit 12 Taf. Nr. 234.

Simplicius Simplicissimus von Hans Jakob Christoffel v. Grimmelshausen. In Auswahl herausgegeben von Professor Dr. F. Bobertag, Dozent an der Universität Breslau. Nr. 138.

Skandinavien, Landeskunde von, (Schweden, Norwegen und Dänemark) von Heinrich Kerp, Kreisschulinsp. in Kreuzburg. M. 11 Abb. u. 1 K. Nr. 202.

Slavische Literaturgeschichte v. Dr. Josef Karásek in Wien I: Ältere Literatur bis zur Wiedergeburt. Nr. 277.
— — II: Das 19. Jahrhundert. Nr. 278.

Soziale Frage. Die Entwicklung der sozial. Frage von Professor Dr. Ferdin. Tönnies. Nr. 353.

Sozialversicherung von Prof. Dr. Alfred Manes in Berlin. Nr. 267.

Soziologie von Professor Dr. Thomas Achelis in Bremen. Nr. 101.

Spanien. Spanische Geschichte von Dr. Gustav Dierds. Nr. 266.
— **Landeskunde der Iberischen Halbinsel** v. Dr. Fritz Regel, Prof. an der Univ. Würzburg. Mit 8 Kärtchen und 8 Abbildungen im Text und 1 Karte in Farbendruck. Nr. 235.

Spanische Handelskorrespondenz von Dr. Alfredo Nadal de Mariezcurrena. Nr. 295.

Spanische Literaturgeschichte v. Dr. Rudolf Beer, Wien. I. II. Nr. 167, 168.

Speicher. Industrielle und gewerbliche Bauten (Speicher, Lagerhäuser und Fabriken) von Architekt Heinrich Salzmann in Düsseldorf. II: Speicher u. Lagerhäuser. Mit 123 Fig. Nr. 512.

Spinnerei. Textil-Industrie I: Spinnerei und Zwirnerei von Prof. Max Gürtler, Geh. Regierungsrat im Königl. Landesgewerbeamt zu Berlin. Mit 39 Figuren. Nr. 184.

Spitzenfabrikation. Textil-Industrie II: Weberei, Wirkerei, Posamentiererei, Spitzen- u. Gardinenfabrikat. u. Filzfabrikation von Prof. Max Gürtler, Geh. Regier.-Rat im Königl. Landesgewerbeamt zu Berlin. Mit 29 Figuren. Nr. 185.

Spruchdichtung. Walther von der Vogelweide mit Auswahl aus Minnesang und Spruchdichtung. Mit Anmerkungen u. einem Wörterbuch v. Otto Günther, Professor an d. Oberrealschule und an der Technischen Hochschule in Stuttgart. Nr. 23.

Staatslehre, Allgemeine, von Dr. Hermann Rehm, Professor an der Universität Straßburg i. E. Nr. 358.

Staatsrecht, Allgemeines, von Dr. Julius Hatschek, Prof. d. Rechte a. d. Univ. Göttingen. 3 Bdch. Nr. 415—417.

Staatsrecht, Preußisches, von Dr. Fritz Stier-Somlo, Prof. a. d. Universität Bonn. 2 Teile Nr. 298, 299.

Stammeskunde, Deutsche, von Dr. Rudolf Much, a. o. Prof. a. d. Univ. Wien. M. 2 Kart. u. 2 Taf. Nr. 126.

Statik von W. Hauber, Dipl.-Ing. I. Teil: Die Grundlehren der Statik starrer Körper. Mit 82 Figuren. Nr. 178.
— — II. Teil: Angewandte Statik. Mit 61 Figuren. Nr. 179.
—, **Graphische,** von Kgl. Oberlehrer Dipl.-Ing. Otto Henkel in Rendsburg. Mit vielen Figuren. Nr. 603.

Steinhauerarbeiten. Maurer- und Steinhauerarbeiten von Professor Dr. phil. und Dr.-Ing. Eduard Schmitt in Darmstadt. 3 Bändchen. Mit vielen Abbildgn. Nr. 419—421.

Stenographie. Geschichte der Stenographie von Dr. Arthur Mentz in Königsberg i. Pr. Nr. 501.

Stenographie n. d. System v. F. X. Gabelsberger v. Dr. Albert Schramm, Landesamtsass. in Dresden. Nr. 246.
— **Die Redeschrift des Gabelsbergerschen Systems** von Dr. Albert Schramm, Landesamtsassessor in Dresden. Nr. 368.
— **Lehrbuch d. Vereinfachten Deutschen Stenographie** (Einig.-System Stolze-Schrey) nebst Schlüssel, Lesestücken und einem Anhang von Dr. Amsel, Studienrat des Kadettenkorps in Bensberg. Nr. 86.
— **Redeschrift.** Lehrbuch der Redeschrift des Systems Stolze-Schrey nebst Kürzungsbeisp., Lesestücken, Schlüssel und einer Anleitung zur Steigerung der stenographischen Fertigkeit von Heinrich Dröse, amtl. bad. Landtagsstenograph in Karlsruhe (B.). Nr. 494.

===== **Weitere Bände sind in Vorbereitung.** =====

Soeben erschien:

Das Gefühl
Eine psychologische Untersuchung
Von
Prof. Dr. Theobald Ziegler
Fünfte, durchgesehene und verbesserte Auflage
Broschiert M. 4.20, gebunden M. 5.20

Als dieses Buch vor 19 Jahren zum ersten Mal erschien, da wirkte die Theorie des Verfassers von der Priorität des Gefühls und von dem Einfluß desselben auf alle Gebiete des geistigen Lebens, vor allem auch auf Bewußtsein und Apperception, trotz des Vorgangs von Horwicz wie ein ganz Neues, das als gegen den Strom der vorwiegend intellektualistischen oder auch schon voluntaristischen Auffassung der Psychologie schwimmend wenig Gläubige fand. Allein es hat sich trotz dieser anfänglichen Ablehnung durchgesetzt und gehört heute zu den meist gelesenen Schriften über Psychologie; die Anschauung, die es vertritt, steht längst nicht mehr vereinzelt da. Zu diesem sich Durchsetzen hat auch der Stil und die ganze Haltung des Buches beigetragen, die gleichweit entfernt sind von unwissenschaftlicher Popularität wie von trockener pedantischer Gelehrsamkeit. Auch die ästhetischen, ethischen und religionsphilosophischen Abschnitte haben ihm viele Freunde erworben. Die neue, fünfte Auflage, die schon nach vier Jahren wieder notwendig geworden ist, hält an dem vom Verfasser als richtig Erkannten durchaus fest, sie zieht sogar die Linien da und dort noch schärfer und bestimmter; insbesondere sind die Kapitel über das körperliche Gefühl und über die Gefühlsäußerungen in diesem Sinn und unter Berücksichtigung der neueren Forschung und ihrer Ergebnisse umgearbeitet und erweitert worden. Überhaupt trägt die neue Auflage nach, was seit dem Erscheinen der vierten Auflage zur Lehre vom Gefühl wertvolles Neues zutage gefördert worden ist, und setzt sich dabei gelegentlich auch polemisch mit allerlei Angriffen und entgegenstehenden Anschauungen auseinander. So ist das Buch durchaus auf den neuesten Stand der psychologischen Forschung gebracht und ergänzt, und ist doch in seinen Grundanschauungen und in seiner Anlage nach wie vor das alte geblieben.

28

G. J. Göschen'sche Verlagshandlung G. m. b. H. Berlin W. 35 und Leipzig

Soeben erschien:

Grundriß einer Philosophie des Schaffens
als Kulturphilosophie

Einführung in die Philosophie als Weltanschauungslehre

Von

Dr. Otto Braun

Privatdozent der Philosophie in Münster i. W.

Broschiert M. 4.50, gebunden M. 5.—

Der Verfasser findet das Wesen der Philosophie darin, daß sie Gesamtwissenschaft, d. h. Weltanschauungslehre ist: sie erhebt sich auf dem Fundament aller übrigen Wissenschaften und sucht (induktiv) zu einem Weltbilde vorzudringen, dessen „Wahrheit" durch seine personale Einheitlichkeit bedingt ist. Nachdem der Verfasser sich eine erkenntnistheoretische Basis geschaffen — es wird ein Real=Idealismus vertreten —, sucht er an ein Grunderlebnis anzuknüpfen, das er durch den Begriff „Schaffen" bezeichnet. Dieses Schaffen führt zur Entwicklung einer Kulturphilosophie — die Formen und Stoffe des Schaffens werden untersucht, und dann die Hauptgebiete des Kulturlebens in den Grundzügen dargestellt: Wissenschaft, Kunst, Religion, soziales Leben, Staat, Recht, Sitte, Ethik finden ihre Würdigung. So wird der Versuch gemacht, aus dem Wesen des modernen Geistes heraus eine systematische Weltanschauung zu gewinnen, wobei der kulturimmanente Standpunkt ausschlaggebend ist, wenn auch eine kosmisch-metaphysische Vertiefung sich als notwendig zeigt, der Begriff des Schaffens wird durch einen geschichtsphilosophischen Überblick über das 19. Jahrhundert als notwendig und berechtigt erwiesen.

G. J. Göschen'sche Verlagshandlung G. m. b. H. Berlin W. 35 und Leipzig

J. F. Herbart
Grundzüge seiner Lehre
Von
Friedrich Franke
Broschiert M. 1.50, gebunden M. 2.—

Diese Darstellung sucht in Herbarts System möglichst direkt einzuführen, ohne von den späteren Fortbildungen auszugehen, läßt immer nach Herbarts eigenen Weisungen die prinzipiellen Teile zuerst einzeln entstehen und darnach in den Zusammenhang treten, den die Betrachtung unserer praktischen Anliegen verlangt. Dabei ist dann auch vielfach Gelegenheit, auf die empirische Detailforschung und ihre philosophische Bearbeitung, auf die Kunstbewegung, die sozialen und politischen Aufgaben und anderes, was die Gegenwart bewegt, Blicke zu werfen.

Friedrich Nietzsche
Eine intellektuale Biographie
Von
Dr. S. Friedlaender
Broschiert M. 2.80

Um einen Denker, wie Nietzsche, voll und ganz zu verstehen, ist vor allem die Erkenntnis des Werdegangs seiner Ideen notwendig. Bei dieser schwierigen Arbeit ist das Buch von Friedlaender ein zuverlässiger Führer und Wegweiser. Denn der Untertitel „Intellektuale Biographie" bedeutet eben nichts anderes als eine Darstellung der philosophischen Entwicklung Friedrich Nietzsches. Von dem richtigen Grundsatz ausgehend, daß der späteste Nietzsche nur aus dem frühesten verstanden werden kann, behandelt der Verfasser nach einer orientierenden Einleitung zuerst dessen geniales Erstlingswerk: „Die Geburt der Tragödie aus dem Geiste der Musik", um dann darauf die späteren Schriften und deren Grundgehalt einzeln zu erläutern und den Fortschritt, der darin enthalten, festzustellen.